AF489711

Pablo Fernández Lorenzo

HACIA UNA VIVIENDA ABIERTA
CONCEBIDA COMO SI EL HABITANTE IMPORTARA

Fernández Lorenzo, Pablo
   Hacia una vivienda abierta concebida como si el habitante importara. -
1a ed. - Ciudad Autónoma de Buenos Aires : Diseño, 2015.
   172 p. : il. ; 21×15 cm. - (Textos de arquitectura y diseño / Marcelo
Camerlo)
   ISBN 978-987-3607-62-2

   1. Diseño de la Vivienda Tradicional. 2. Investigación. I. Título.
   CDD 307.336 07

Textos de Arquitectura y Diseño

Director de la Colección:
Marcelo Camerlo, Arquitecto

Diseño de Tapa:
Liliana Foguelman

Diseño gráfico:
Karina Di Pace

Pablo Fernández Lorenzo

HACIA UNA VIVIENDA ABIERTA
CONCEBIDA COMO SI EL HABITANTE IMPORTARA

HACIA UNA VIVIENDA ABIERTA CONCEBIDA COMO SI EL HABITANTE IMPORTARA

"La casa es nuestro rincón del mundo. Es nuestro primer universo. Es realmente un cosmos. Un cosmos en toda la acepción del término.

La casa, como el fuego, como el agua, nos permite evocar fulgores de ensoñación que iluminan la síntesis de lo inmemorial y el recuerdo.

La casa es un cuerpo de imágenes que dan al hombre razones o ilusiones de estabilidad.

La casa alberga el ensueño, la casa protege al soñador, la casa nos permite soñar en paz.

La casa en la vida del hombre suplanta contingencias, multiplica sus consejos de continuidad. Sin ella el hombre sería un ser disperso. Lo sostiene a través de las tormentas del cielo y de las tormentas de la vida. Es cuerpo y alma. Es el primer mundo del ser humano.

La casa es una gran cuna. La vida empieza bien, empieza encerrada, protegida, toda tibia en el regazo de una casa".

GASTON BACHELARD, *La poética del espacio*, 1957.

"Es irrelevante el aspecto de la arquitectura sin gente, lo que importa es el aspecto de la gente en ella".

BRUNO TAUT, *Ein Wohnhaus*, 1927.

"Busco con verdadero afán esas casas que son 'casas de hombres' y no casas de arquitectos".

LE CORBUSIER, *Prólogo americano de Precisiones*, 1929.

ÍNDICE

ANTECEDENTES

Este libro recoge parte de una larga investigación sobre la arquitectura residencial que inicié hace unos 20 años, y que espero continuar otros tantos porque mi interés por la vivienda no deja de crecer y cada nuevo proyecto en el que participo parte de la misma pregunta que la originó: ¿Cómo debería ser la casa de nuestro tiempo?

Es difícil establecer un punto de inicio de esta inclinación profesional por el hábitat, pero sin duda un desencadenante importante fue el primer concurso Europan para jóvenes arquitectos, convocado en el año 1988 con el sugerente título de "Evolución de los modos de vida y arquitecturas de la vivienda". Mi condición de estudiante me impidió participar, pero lo viví como un hito en la profesión y creí ver en cada uno de los proyectos premiados un imparable camino hacia la definición y construcción de nuevas viviendas capaces de responder a las nuevas maneras de vivir y habitar.

Ya arquitecto, el primer Europan en que pude participar fue en su tercera convocatoria, en 1992, que, para mi sorpresa, dejaba algo de lado a la vivienda en sí misma para centrar su atención en los espacios de transición entre casa y ciudad y la urbanización de los barrios residenciales.[1] En 1994, poco antes de la entrega de este concurso, la revista *Arquitectos* publica su número 133[2] mostrando cómo muchas de las propuestas premiadas en el primer Europan, para poder ser construidas, tuvieron que prescindir de todo planteamiento innovador. Esa revista, que recogía una amplia investigación previa sobre este hecho, dejaba claro cómo las rígidas normativas existentes, junto a las inercias y miedos de los promotores de viviendas, impedían materializar las nuevas ideas de los jóvenes arquitectos sobre el hogar del cambio de siglo. Mi ilusión se tornó en decepción, y solo entonces pude entender, a mi manera, el giro que el propio Europan estaba dando hacia el urbanismo, hacia la ciudad, como asumiendo la inmovilidad de la vivienda de ese tiempo.

Al año siguiente, en 1995, una importante cooperativa de viviendas de nuestro país convoca un concurso, destinado a estudiantes de arquitectura, cuyas pretensiones recordaban a aquel primer Europan en el

[1] Europan 3: En la ciudad como en casa, urbanizar barrios residenciales. 1992-junio 1994.

[2] *Arquitectos* 133, "Europan, ideas y prácticas", 1994/2.

que no pude participar, aunque enfocando el problema a las viviendas para jóvenes.[3] Parecía que la vida jugaba con mi interés por el hábitat y mi preocupación por el cobijo humano: primero me perdía, por ser estudiante, un concurso para arquitectos y ahora, ya arquitecto, aparecía otro sólo para estudiantes. La única forma que encontré de romper este juego fue hacerme de nuevo estudiante, y éste fue el motivo por el que me matriculé de doctorado, para poder participar en ese concurso. Mi propuesta consistió en un edificio con amplias áreas y servicios comunes en donde cada joven disponía de un espacio individual, de doble altura y orientación, que él mismo podía manipular, incluso montando y desmontando, en un rato, un forjado intermedio.

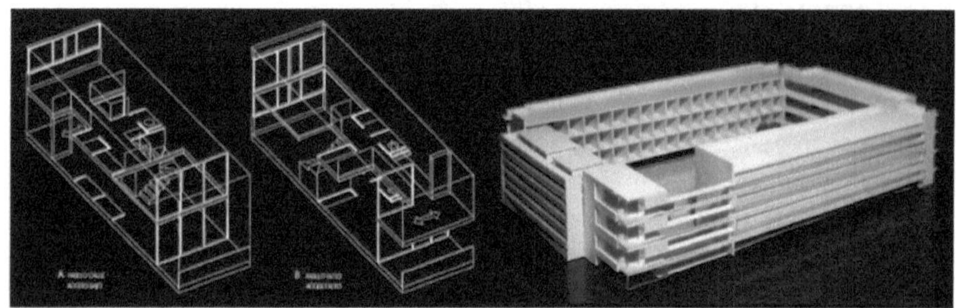

1995. Concurso Larcovi de vivienda colectiva para jóvenes

El fallo del concurso fue tan decepcionante que decidí dedicar el trabajo de mi primer curso de doctorado, dirigido por Iñaki Ábalos y Juan Herreros, a redactar un estudio, destinado al presidente de la cooperativa convocante, sobre la evolución de las formas de vivir y habitar y la vivienda contemporánea. Y este trabajo fue el primer germen de lo que, muchos

[3] En el texto que acompañaba a la convocatoria del concurso, el arquitecto Luis Miquel Suárez-Inclán extendía el problema de los jóvenes al de "los individuos y grupos sociales cuyas características de convivencia y comportamiento (heterodoxas) difieren del modelo de familia tradicional", planteando que el uso que hagan de sus viviendas estos individuos o grupos "debe ser singular, las condiciones de su alojamiento tienen que permitirlo y dar oportunidades para la crítica de los hábitos ortodoxos y para el desarrollo de la imaginación". Notas para el III encuentro Vivienda-Juventud, Jornadas Larcovi, Luis Miquel Suárez-Inclán: "Juventud y heterodoxia".

años más tarde, sería mi tesis doctoral. Al finalizar ese curso pedí una entrevista con el presidente de la cooperativa, y me la dio. De este modo, a mis treinta y un años, intenté venderle, obviamente sin éxito, el mismo concepto de vivienda que mi tesis, y este libro, desarrolla.

Más adelante, durante mi largo doctorado fui, poco a poco, recopilando ejemplos de viviendas donde los futuros residentes hubieran participado en su definición, o donde sus moradores tuvieran la posibilidad de completarlas o transformarlas tantas veces como quisieran. Una vez seleccionadas, mi labor consistía en destilar de cada vivienda sus virtudes, sus cualidades, con un doble propósito: para que sirvieran como herramienta de análisis del pasado pero también, y aún más importante, como camino de futuro.

Durante este tiempo participé en alguno de los numerosos concursos de arquitectura de esa época que pretendían definir la vivienda del nuevo siglo. La gran mayoría eran de vivienda pública y caían en la misma contradicción: buscaban diseñar una vivienda preparada para la vida del siglo XXI, pero sin eximirla de cumplir con una normativa adaptada a la forma de vivir de los años 60 y 70 del siglo XX. Sin embargo, uno de estos concursos sí encaraba el problema desde una perspectiva más alejada. Se llamaba "Ideas sobre Vivienda Social" y fue convocado en el año 2003 por el Consejo Superior de los Colegios de Arquitectos de España. Mi propuesta se limitó a enunciar lo que, a mi parecer, podrían ser los objetivos de la nueva vivienda social:

- La vivienda pública será, preferentemente, aquella que admita mayor variedad de usos posibles, desde los más tradicionales a los más modernos, en el mismo espacio soporte.

- Consistirá, en un primer nivel, en un espacio vacío, bien orientado y ventilado, y contará con unos elementos industriales que permitan compartimentar los espacios y llevar las instalaciones a cualquier punto de la casa.

- La vivienda pública ha de poder ser modificada una y otra vez por los propios usuarios, con el mínimo de ayuda exterior, debiendo estar concebida para mejorar progresivamente, en paralelo a los recursos de sus moradores.

• Ha de ser pionera en sostenibilidad, control medioambiental, aprovechamiento de energías alternativas y utilización de materiales ecológicos y reciclables.

La propuesta entendía prioritario consensuar unos objetivos generales a cumplir por toda nueva vivienda pública. Más adelante, estos objetivos serían trasladados a una nueva ley que acotara y desarrollara un nuevo marco de actuación capaz de liberarla de las amarras legales que impiden su evolución.

"Tu nueva vivienda es un vacío
que podrás completar como quieras".

2003. Concurso "Ideas sobre
Vivienda Social".
Consejo Superior de los Colegios de
Arquitectos de España.

La propuesta carecía de plano alguno y tan sólo incorporaba una imagen, un espacio de doble altura "por acabar", con la siguiente leyenda: "Tu nueva vivienda es un vacío que podrás completar como quieras".

Con la aprobación, en el año 2010, de mi tema de investigación comencé, sin prisa y con abundantes pausas, la redacción de mi tesis doctoral, proceso que culminó en septiembre de 2013 con su lectura en la Escuela Técnica de Arquitectura de Madrid (ETSAM), obteniendo una calificación de sobresaliente *cum laude*. Como directores de tesis tuve el privilegio de contar con Alberto Campo Baeza y Alberto Morell Sixto, a quienes no puedo más que agradecer su total respeto a mis ideas, así como su constante apoyo y disposición.

También agradezco a la editorial Diseño la posibilidad que me ha brindado de recoger, dentro de su colección Textos de Arquitectura y Diseño, la parte más teórica de la tesis.

Este libro está dedicado a la memoria de José López Arranz (1964-2002), amigo desde la infancia y compañero de la ETSAM en los años 80. De haber estado hoy aquí, me atrevo a imaginarnos coautores de un libro similar a éste.

1.

INTRODUCCIÓN

APERTURA

En la década de 1960, se extendió el uso del término "abierto" para indicar una nueva manera de entender el arte que incorporaba al espectador como parte activa del proceso creativo. Este planteamiento suponía una ruptura con el tradicional vínculo de autoría, cerrado y directo, entre el creador y su obra.

En 1962, UMBERTO ECO escribe su ensayo *Opera aperta*, obra abierta, recogiendo una investigación sobre las estructuras de las formas contemporáneas que había desarrollado 4 años antes para un Congreso Internacional de Filosofía. Su ensayo tomaba como punto de partida la autonomía ejecutiva que la música concede al intérprete y, a partir de ello, Eco defendía la ambigüedad, el azar, lo indeterminado y la pluralidad de significados que pueden convivir en un mismo significante, en una misma obra. Eco identificaba una "obra abierta" como un modelo, o una estructura, dotada de una gran "apertura", siendo "una invitación a la libertad interpretativa, a la feliz indeterminación de los resultados".[4] Para él, el espectador, intérprete o lector, por medio de una "intervención activa", se encarga de completar el acto creativo, en función de su propia perspectiva individual y una "obra abierta" trata de promover en él, "actos de libertad consciente". Eco, aunque reconocía la ambigüedad como una característica existente en muchas obras artísticas del pasado, identificaba esta "apertura" como una "tendencia operativa" común a muchos creadores contemporáneos, reconociéndola, por ejemplo, en la dramaturgia de Bertold Brecht, en la poética de la sugerencia de Stéphane Mallarmé, o en Joyce o Kafka.

Pocos años después, el adiós definitivo de la idea romántica del artista como un genio lo da ROLAND BARTHES con su ensayo: *La muerte del autor* (1967), en donde defiende la disolución del autor, o creador, como fuente única de creación, cediendo paso a un nuevo actor: el lector, o espectador: "El nacimiento del lector se paga con la muerte del Autor".[5] Barthes identifica al positivismo capitalista

---

[4] Umberto Eco: *Opera aperta*. 1962. Edición en castellano: *Obra abierta*. Planeta. Barcelona. 1992, p. 43.

como el principal responsable de la entronización de la "persona"
del creador, destacando varios frentes que, en aquel momento,
estaban minando ese "imperio del Autor": Mallarmé, Valéry, Proust,
el surrealismo, Brecht... "Un texto está formado por escrituras
múltiples, procedentes de varias culturas y que, unas con otras,
establecen un diálogo, una parodia, un cuestionamiento, pero existe un lugar en el que se recoge toda esta multiplicidad, y ese lugar
no es el autor, como hasta hoy se ha dicho, sino el lector".[6] Un texto
escrito no pertenece a su autor sino a la cultura en general, y al lector que lo reconstruye, o reescribe, desde su perspectiva individual.
Esta "desaparición del autor" fue continuada por MICHEL FOUCAULT
en *¿Qué es un autor?* (1969) y, posteriormente, por Jonathan Culler,
Jacques Derrida o Walter Ong, convirtiéndose en un tema fundamental en todo el arte y la literatura posterior.

En arquitectura, en esa misma década entraba en escena la tercera
generación de arquitectos del Movimiento Moderno, modo en que
suele denominarse a los nacidos en el periodo de entreguerras. El
crítico de arquitectura Philip Drew destaca en su libro *Tercera generación. La significación cambiante de la arquitectura*, varios temas de interés compartidos por estos arquitectos coetáneos. Dos de ellos son:

- una voluntad para incorporar las condiciones cambiantes como
  un elemento positivo del proyecto, y por subordinar la planificación y la tecnología a una adecuación variada y flexible del entorno construido al individuo.

- una permanente búsqueda de "un sistema de edificación que
  permita a las personas dar forma y modificar su entorno individual".[7]

[5] Roland Barthes: "La Mort de l'Auteur". Artículo aparecido en la revista francesa *Manteia*
nº 5, 1968. Ediciones en castellano: *La muerte de un autor. El susurro del lenguaje.* Paidós,
Barcelona 1987. *El placer del texto.* Siglo XXI. Buenos Aires, 1993.

[6] *Ibid.*

[7] Philip Drew: *Tercera generación. La significación cambiante de la arquitectura.* GG, Barcelona, 1973, p. 59.

Esta generación, de forma paralela a la literatura, la poesía o el teatro de ese momento, también procedió a "enterrar" al arquitecto-autor, tal y como había sido concebido por la primera generación del Movimiento Moderno, es decir, como creador único de la arquitectura. Esta desaparición de la autoría exclusiva del arquitecto era indispensable para que el usuario pudiera entonces renacer y, ya sin la imposición de un criterio ajeno, volviera de nuevo a dar forma y modificar su entorno personal a su gusto.

Este anhelo de una nueva arquitectura dispuesta a acoger los criterios y la sensibilidad de sus ocupantes está presente en todos los movimientos y manifiestos arquitectónicos de esta generación: la "arquitectura móvil" de Yona Friedman, los metabolistas japoneses, las estructuras aditivas de Jorn Utzon, los mat-buildings, el concurso PREVI, Non-Plan... Pero, además, de entre todos los arquitectos de esta generación, al menos dos de ellos utilizaron el término "abierto" para definir esta nueva "apertura" al futuro: Oskar Hansen y John Habraken. Ambos defendían una activa participación del usuario en la creación de su entorno cotidiano.

El primero, el polaco OSKAR HANSEN (1922-2005), miembro del Team X, presentó su manifiesto "Open Form" en 1959, en el último CIAM de Otterlo. Hansen consideraba que un edificio no se completaba hasta que los usuarios no se apropiaban de él, y su concepto de "Open Form" surgía en oposición al de "Close Form", una forma ciega, impuesta desde fuera, que no deja ninguna oportunidad a la novedad ni al cambio de opinión. Hansen entendía todo el arte y la arquitectura anterior como una clara expresión de "Close Form", porque sus formas eran pasivas al paso del tiempo y no permitían que los usuarios expresaran e incorporaran en ellas su propia identidad.

Por su parte, el arquitecto holandés JOHN HABRAKEN (1928) escribió en 1962 *Soportes. Una alternativa al alojamiento de masas*,[8] punto de origen

---

[8] El libro original, *De Dragers en de Mensen*, fue publicado en Ámsterdam en 1962. La versión inglesa se tituló *Supports: An Alternative to Mass Housing* (1972) y la española *Soportes. Una alternativa al alojamiento de masas* (1975). Los principios expresados en el libro fueron desarrollados por la fundación SAR (Stichting Architecten Research) creada en 1965 con el objetivo de estudiar soluciones a los problemas de la construcción masificada de viviendas. John Habraken fue su director hasta el año 1975.

de su concepto de "Open building". Habraken entendía la arquitectura como el resultado de una empresa colectiva llevada a cabo en un determinado contexto social y material, y planteaba una división, dentro del diseño de toda nueva vivienda, en dos campos de responsabilidad: los "soportes" y las "unidades separables". Según su idea, los arquitectos se encargarían de diseñar, de acuerdo a los requerimientos de la comunidad, la estructura y las instalaciones generales del edificio (los soportes), mientras que las viviendas (unidades separables) serían responsabilidad de los propios habitantes, pudiendo en todo momento cambiarlas para adaptarlas a sus nuevas necesidades. Dentro del "Open building", un soporte es juzgado por su potencial para acomodar diferentes planteamientos de vivienda, tanto en el momento inicial como a lo largo de toda su vida útil, siendo más válido cuanto más abierto al cambio esté.

COMO SI EL HABITANTE IMPORTARA

La expresión "como si el habitante importara", que forma parte del título de este libro, hace referencia a *Lo pequeño es hermoso. Economía como si la gente importara*, libro escrito en 1973 por el economista de origen alemán ERNST FRIEDRICH SCHUMACHER.[9] Este texto, fundamental en la historia de la economía moderna, fue contemporáneo con la primera gran crisis económica tras la segunda guerra mundial: la crisis del petróleo.

¿Qué era para Schumacher una "economía como si la gente importara"? Una economía donde las personas fueran más importantes que las mercancías o las cifras, y donde la actividad creativa y la calidad del trabajo fueran objetivos prioritarios, muy por encima del crecimiento, el consumo o el beneficio económico. Una economía, en definitiva, al servicio de las personas, y no al contrario.

[9] Ernst Friedrich Schumacher: *Small Is Beautiful: Economics As If People Mattered*. 1973. Edición en castellano: *Lo pequeño es hermoso. Economía como si la gente importara*. H. Blume ediciones, Madrid, 1978.

De modo paralelo a esta idea de Schumacher, este trabajo también intenta reflexionar sobre cómo crear una vivienda al servicio de sus habitantes.

DESDE DÓNDE

Esta pretensión de plantear una vivienda "como si el habitante importara" ha generado el lugar desde donde está escrito este libro, una posición que trata de adoptar más el punto de vista de un habitante que reclama una vivienda a su medida que el del arquitecto que la diseña. Esta opción de partida es fundamental para entender el texto, como también lo es el hecho de que la investigación recoja a su vez muchas inquietudes no arquitectónicas relacionadas, sobre todo, con la libertad individual; una libertad que no solo se reclama para uno mismo, sino que, y esto es lo más importante y sin duda lo más difícil, se concede a los demás.

Por todo ello este texto es, por encima de todo, una invitación al cambio, a la evolución, a desprendernos de lo que ya no sirve para avanzar, para investigar, para evolucionar hacia lo nuevo. Una invitación a superar dinámicas pasadas que ya no funcionan. Una invitación a dejar de repetir las mismas cosas de siempre, y las mismas casas de siempre.

El campo de interés preferente de este trabajo está en todo proyecto de vivienda que no deba acomodarse a un futuro usuario conocido, es decir, en aquellas casas en donde "cualquiera" pueda ser su habitante, siendo este cualquiera, en los tiempos actuales, un término cada vez más amplio. El campo natural de atención está pues, sobre todo, en la vivienda colectiva, cuyo objetivo debería ser, ahora más que nunca, poder acoger de forma sencilla y adecuada a todo el amplio abanico de modos de vida y modelos de convivencia existentes en la sociedad actual.

Pese a ello, el concepto de "vivienda abierta" aquí planteado puede también ser aplicado a las casas concebidas a medida de su futuro habitante, o viviendas "de encargo". Aunque la inmensa mayoría de estas casas desarrollan una solución "cerrada" que da respuesta a un programa de necesidades muy concreto, también pueden ser concebidas con un planteamiento "abierto", de tal modo que el proyecto contemple la posibilidad de modificar, en un futuro más o menos inmediato y de forma sencilla e imprevista, las características y usos de la casa en función de la evolución de la vida de sus ocupantes.

La forma de tenencia de la vivienda tampoco es objeto de atención de este texto, aun cuando pueda resultar evidente que la movilidad del mundo moderno y las nuevas formas de vida se acomodan mejor a aquellos modos de posesión que favorezcan el traslado de una vivienda a otra. Pero la forma de tenencia puede variar durante la vida de una casa y, además, facilitar el cambio de vivienda no resuelve la falta de adecuación de las casas actuales a los nuevos modos de vida, porque si todas las viviendas disponibles son iguales, obedecen a modelos inadecuados y no permiten desarrollar en su interior más que un único tipo de vida, simplificar los intercambios de vivienda sólo resuelve el problema parcialmente.

Por último, puede ser oportuno advertir que los conceptos arquitectónicos que sustentan esta investigación no son los habituales en los libros y revistas de arquitectura. Palabras como espacio, luz, forma o piel casi no van a aparecer, y en su lugar se hablará de cambio, adaptación, variedad o flexibilidad. Estos términos están en principio referidos a los nuevos modos de vivir y habitar que han surgido, sobre todo en el mundo occidental, en las últimas décadas. Pero también, como consecuencia, con las viviendas que estos nuevos planteamientos vitales demandan. La opción de centrar la atención en estos conceptos no supone desdén alguno hacia el trabajo de tantos arquitectos con el espacio, la luz o los nuevos materiales, ya que es obvio que un objetivo fundamental de la arquitectura debería ser emocionar y conmover a sus ocupantes mediante un "sabio" juego de espacios bañados por la luz, atravesados por el hombre, y construidos con materiales que seduzcan sus cinco sentidos. Pero también, y previo a ello, la arquitectura debe cumplir una determinada función, porque es su sentido primero y la razón de su existencia. Y debe cumplirla con acierto, eficacia y, en lo posible, con ingenio e imaginación.

El arquitecto DIÉBÉDO FRANCIS KÉRÉ, nacido en Burkina Faso, explica
de este modo su labor: "La arquitectura consiste en dar cobijo a
la gente, protegerla y facilitarle unas mejores condiciones. No me
molesta, claro está, que el edificio sea hermoso (...), pero no es mi
prioridad (...), lo que a mí me hace más feliz es que mis edificios
funcionen del mejor modo posible con el mínimo coste. Eso sí que
es hermoso".[10]

[10] Llátzer Moix: "La lógica local. Diébédo Francis Kéré y la solidaridad africana". *Arquitectura Viva* 133, 2010, p. 23. Este número se ocupa de la exposición organizada por el MOMA de Nueva York en 2010: "Pequeña escala, gran cambio", en donde Diébédo Francis Kéré mostró la escuela en Gando, su villa natal en Burkina Faso, ganadora del premio Aga Khan de Arquitectura.

2.

NUEVOS MODOS EN EL HABITANTE Y EN EL HABITAR

Le Corbusier, para muchos el más grande de los arquitectos modernos, escribe en 1923, con 36 años: "El primer deber de la arquitectura, en una época de renovación, consiste en revisar los valores y los elementos constitutivos de la casa".[11] De este modo, toda reflexión sobre la vivienda actual debe empezar por describir, aunque sea brevemente, aspectos de los nuevos modos de vida de esta época de renovación que nos ha tocado vivir.

¿Somos conscientes de cuanto han cambiado nuestras vidas en los últimos 20 años y de qué manera esto repercute en nuestras casas?

El hogar tradicional ligaba una familia a un lugar específico. En él convivían todas las generaciones vivas de la familia, rodeadas de los recuerdos y objetos del pasado y un mobiliario que duraba "una eternidad" y pasaba de padres a hijos. Ahora las casas son pequeñas, incapaces de acoger a esos abuelos necesitados de compañía y atención.[12]

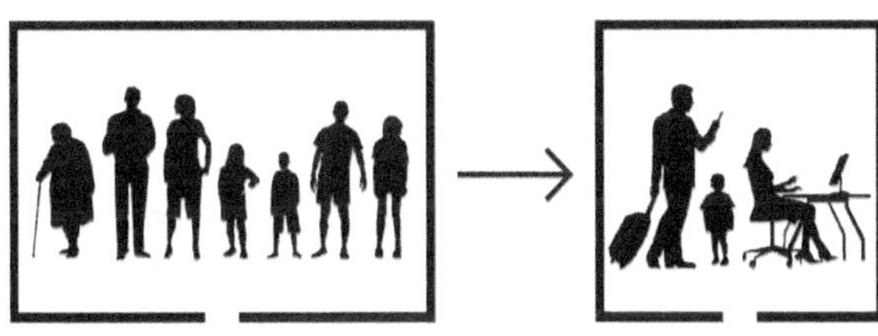

Aparte de esta reducción de tamaño, el cambio más importante ha llegado con las nuevas tecnologías. Hace unos 20 años irrumpieron en nuestras vidas ordenadores, móviles e internet, y ya nos hemos acostumbrado tanto a ellos que nos cuesta recordar nuestra vida anterior. Ahora, estemos donde estemos, tenemos acceso a llamadas, correo, información, música... Y con una buena conexión de internet podemos trabajar en lo nuestro desde cualquier lugar del mundo, incluso parti-

[11] Le Corbusier: Vers une Architecture, 1923. Edición en castellano: Hacia una arquitectura. Ediciones Apóstrofe, colección Poseidón, p. XXXII.

[12] El número de miembros por hogar ha disminuido considerablemente durante los últimos 40 años, pasando de 3,82 personas (1970) a 2,58 (2011). De los 18 millones de hogares existentes en España en 2011, el 56% están habitados por parejas y, dentro de ellos, un 37,8% por una pareja sin hijos (ha crecido un 55% en 10 años), un 29,1% con un solo hijo, un 27,7% con dos hijos, y un 5,6% con 3 hijos o más (ha disminuido un 33% en 10 años). Fuente: INE Censo de población y vivienda 2011.

cipando en reuniones de trabajo. Cuesta recordar que hace tan solo 20 años nuestro único enlace con el mundo era un teléfono fijo, si acaso con contestador.[13] Los avances tecnológicos conducen a la movilidad y la interrelación de los espacios de vivienda y trabajo, anticipando la llegada de tipos de vida más dinámicos y menos ligados a un sitio específico. Somos cada vez más ligeros.

Pero, ¿qué almacenamos en el interior de una casa? Si pensamos en esas grandes estanterías que poblaban nuestros salones, albergando libros, diccionarios, enciclopedias, fotos familiares, discos y papeles de todo tipo, hoy todo ello va desapareciendo, poco a poco, camino del ordenador o la red, de tal modo que en el mundo actual ya no ocuparía lugar alguno en una nueva casa. Pero, ¿qué más cosas alberga una vivienda? Muebles, lámparas, toda nuestra ropa... En nuestro país las multinacionales de la moda y decoración desembarcaron al mismo tiempo que las nuevas tecnologías y, desde entonces, los muebles que pueblan nuestras casas y la ropa que llena sus armarios son globales y económicos, por lo que son fácilmente prescindibles por un cambio de moda o una mudanza.

Si llevamos ahora la atención a nuestras relaciones personales, un cambio importante que todos notamos a nuestro alrededor es cómo va disminuyendo la duración de los compromisos afectivos,[14] lo cual está provocando, en cada vez más personas, una sucesión de separaciones y nuevas relaciones de pareja, con o sin hijos anteriores. Esta tendencia hace que cada vez sea más habitual que hombres y mujeres tengan varias relaciones de pareja de cierta duración a lo largo de su vida, dos, tres, cuatro o más, al tiempo que cuidan y educan a los hijos de sus parejas anteriores.[15] Para Joan Garriga: "Vivimos tiempos caóticos

[13] En el año 2012, el 69,8% de la población española entre 16 y 74 años ha usado el ordenador en los 3 meses anteriores, lo que supone un aumento del 10% desde el 2009 (en Suecia lo han utilizado el 95% de varones y el 92% de mujeres). Entre los jóvenes españoles (16-24 años), el 97,7% de las mujeres y el 94,8% de los varones han utilizado Internet en los últimos 3 meses. Fuente: INE Mujeres y hombres en España 2012.

[14] La edad media en el momento de la disolución matrimonial (divorcios, separaciones o nulidades) es de 42,3 años en las mujeres y 44,9 años en los hombres. La duración media de los matrimonios disueltos en el año 2011 fue de 15,7 años, la mitad de ellos con hijos menores de edad. Fuente: INE Estadística de Nulidades, Separaciones y Divorcios 2011.

[15] Los hogares constituidos por uno de los padres con sus hijos han aumentado un 59,7% en los 10 últimos años, siendo en el año 2011 el 9,3 % del total. El número de familias reconstituidas

y creativos, originales e inciertos, turbulentos y esperanzados para el amor en la pareja. La ventaja es que podemos ser creativos con el tipo de relación que queremos; el inconveniente, que nos podemos perder con tantas opciones".[16] Pero este cambio tan radical en nuestra forma de vivir y relacionarnos, y esta creciente complejidad de formatos familiares y modelos de convivencia, debería afectar a nuestras viviendas, revolucionando nuestro hábitat. Veamos algún ejemplo:

Pensemos primero en una pareja en la que ambos tengan hijos de relaciones pasadas, hijos que van y vienen cada pocos días y que en la casa no solo duermen, sino que también tienen que estudiar, ver a los amigos... ¿Cómo diseñaríamos este hogar?

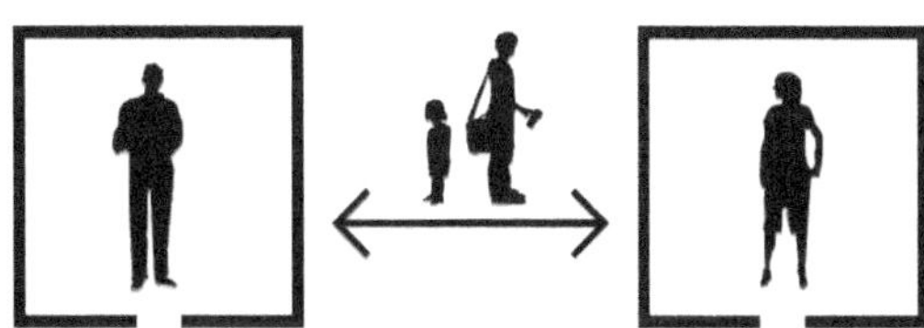

¿Y si son los hijos los que permanecen fijos y los padres los que alternan? En este caso hacen falta tres casas, aunque algunos padres están experimentando a compartir también la segunda vivienda, a semanas alternas. ¿Cómo acomodar una casa familiar a este baile de padres? Y, ¿qué pasará cuando alguno de ellos tenga una nueva pareja?

Crece también el número de personas que llevan una vida al margen de la familia convencional,[17] bien por convicción o bien producto de la disgregación de proyectos familiares anteriores. Ya no hay un único modelo de convivencia, sino libertad para inventar y explorar el propio modelo.[18]

(parejas que tienen algún hijo no común a ambos miembros) ha crecido un 110% entre 2001 y 2011, pasando a ser casi medio millón de parejas. Fuente: INE Censo de población y vivienda 2011.

[16] Joan Garriga: *El buen amor en la pareja*. Destino, Barcelona. 2013. p. 156.

[17] La mitad de los hogares españoles no sigue el modelo familiar de pareja con hijos. En el 23 % vive una sola persona, el 21 % están formados por una pareja sin hijos, el 1,4% están habitados por personas que no constituyen familia, y hay un 10,1% de hogares "de otro tipo". Fuente: INE Censo de población y vivienda 2011.

[18] Las nuevas leyes sobre la vivienda recogen este hecho porque se refieren a familias o "unidades de convivencia".

Un ejemplo de ello es el imparable crecimiento de las viviendas unipersonales, que en algunas ciudades europeas se ha convertido en la forma
mayoritaria de habitar los hogares.[19] En París, por ejemplo, el 50 % de
las viviendas están habitadas por una sola persona, y en Estocolmo son
más del 60%. Y este hecho no es un factor cultural, porque en los países
emergentes es donde más está creciendo el número de viviendas unipersonales. Pero una cosa es querer vivir solo, y otra muy diferente desear
vivir aislado. Por eso están surgiendo muchos proyectos con espacios o
servicios comunes. ¿Cómo crear un hábitat que aúne independencia y per-
tenencia?

Muchos de nosotros, cuando éramos jóvenes, compartimos un piso con
amigos y comprobamos cómo la vivienda tradicional, pensada para un
modelo familiar, no permite convivir en igualdad. A uno le tocaba la habitación de padres, con baño incorporado, mientras que el menos afortunado, o el último en llegar, debía conformarse con la habitación más pequeña, o incluso la del servicio, junto a la cocina. ¿Dónde están las viviendas
que admitan convivir en igualdad, disponiendo del mismo espacio privado? ¿Y dónde un hábitat capaz de acoger a familias que también deseen
co-habitar, compartiendo espacios y servicios con sus vecinos cercanos?

 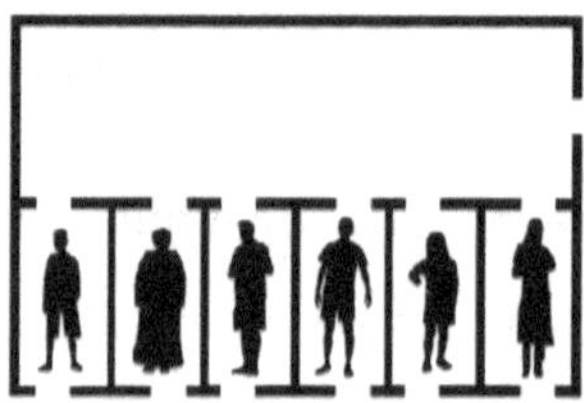

Resulta significativo que las casas para inmigrantes, también conoci-
das como "casas-patera", no hayan sido objeto de atención arquitectónica alguna, con el propósito de definir para ellas unas condiciones
mínimas, pero dignas, de habitabilidad. ¿Por qué no pueden ser unas
casas decentes y bien pensadas? ¿Cómo sería el hábitat de las personas que necesitan gastar lo mínimo?

[19] Más de 4 millones de los hogares españoles, el 23% del total, son unipersonales,
habiendo aumentado un 45,8% en 10 años. Dentro de ellos, los hogares formados por una
sola persona de menos de 65 años han crecido un 63,7% entre 2001 y 2011. Fuente: INE
Censo de población y vivienda 2011.

En muchas familias es habitual que uno de los hermanos siga viviendo en la casa familiar, cuidando de los padres cuando se hacen mayores. ¿Cómo otorgar una cierta independencia a ese hijo que convive con la generación anterior?

También está aumentando mucho el trabajo en casa.[20] Programas informáticos como *skype* lo facilitan, aunque las empresas que lo promueven exigen a sus trabajadores que muestren por pantalla un ambiente de oficina, sin telefonillos ni niños por medio. ¿Cómo crear ese espacio de trabajo sin interferencias en una casa pequeña con hijos?

Los extremos de la pirámide de población también están sufriendo profundos cambios. Los mayores aumentan su libertad de movimiento, convirtiéndose en personas más activas e independientes.[21] En cuanto a los niños de hoy, no solo están acostumbrados desde pequeños a convivir con las nuevas tecnologías sino que, además, están habituándose a vivir entre dos casas, la del padre y la de la madre, mudándose cada pocos días con sus pertenencias más necesarias.

Pero, aparte de todos estos cambios, lo más importante es que los nuevos modos de vida no son fijos, porque mutan y cambian de estado cada vez con más rapidez, no siendo posible prefijarlos de antemano para, por ejemplo, proyectar una vivienda. Son variables e imprevisibles, generando un presente en constante mutación y un futuro cada vez más incierto. Y todas estas circunstancias no encuentran acomodo en las viviendas concebidas para los modos de vida de las pasadas generaciones.

[20] En nuestro país el número de personas que trabajan en su propio domicilio asciende a 1.727.914, una décima parte del total y el triple que en 2001. Fuente: INE Censo de población y vivienda 2011.

[21] De acuerdo la esperanza de vida actual, una persona que alcance los 65 años esperaría vivir, de media, 18,3 años más, si es hombre, y 22,3 si es mujer. Fuente: INE Movimiento Natural de la Población e Indicadores Demográficos Básicos 2011.

3.

¿PARA QUÉ DISEÑAMOS Y CONSTRUIMOS UNA VIVIENDA?

Toda reflexión en profundidad sobre cualquier asunto debería comenzar replanteando, desde la perspectiva actual, su razón de ser, cuestionando de nuevo su sentido.

El punto de arranque de esta investigación es por ello una pregunta: ¿Para qué proyectamos y construimos una vivienda? O, si lo extendemos a toda la arquitectura: ¿cuál es el sentido de nuestra labor arquitectónica?

Como respuesta a ambas preguntas, esta investigación propone dos objetivos a cumplir por cada nueva vivienda, por cada nueva arquitectura: satisfacción de necesidades y soporte a la innovación.

SATISFACCIÓN DE NECESIDADES

Este primer objetivo es el más evidente, ya que consiste en proporcionar una respuesta arquitectónica a unas determinadas necesidades demandadas por la sociedad, o por la parte de ella que "encarga" el diseño y construcción de un edificio o un espacio público. La aparición de estas necesidades compartidas genera, o al menos debería hacerlo, una reflexión conjunta entre las partes implicadas, de la cual surgirá un "programa de necesidades", que es un documento que cuantifica las estancias requeridas y, en paralelo, toda una larga lista de circunstancias y deseos, de toda índole, que el nuevo edificio debería de tener en consideración. La labor del arquitecto consiste en acoger los espacios demandados, y sus circunstancias, en una construcción dotada de una coherencia funcional, económica y constructiva, con una adecuada conexión con el entorno. Pero también, y siempre que sea posible, aportar una cierta emoción al uso de los nuevos espacios.

A este primer objetivo, sin duda el más obvio, lo hemos llamado satisfacción de necesidades.

SOPORTE A LA INNOVACIÓN

Pero la arquitectura, como casi todas las actividades humanas, no debería limitarse a cumplir con lo previsto, o con lo demandado, sino que también debería abrirse a acoger lo nuevo, lo desconocido, lo imprevisto. Y es por ello por lo que se plantea un segundo objetivo a cumplir, tan importante como el anterior: convertirse en un soporte a la innovación. Porque innovar significa desafiar lo que damos por hecho, todo aquello que consideramos que forma parte de un orden natural y que, por lo general, tan solo es un acuerdo cultural que responde a circunstancias pasadas. Toda arquitectura debería favorecer la aparición de lo nuevo, lo indeterminado, lo no previsto, nacido tanto de la relación de los usuarios con los espacios que los acogen, como de la propia evolución natural de la sociedad a la que la arquitectura sirve.

Es importante resaltar que este segundo objetivo no se refiere a la innovación de la propia arquitectura, sino a la creada por los usuarios dentro de ella. Y es por ello por lo que la arquitectura debería incitar a que sus ocupantes desarrollen en su interior procesos creativos encaminados a generar nuevos valores, bien como evolución de los antiguos, o bien como ruptura con ellos. De esta innovación, de este ir más allá de lo previsto, depende no solo la sostenibilidad de la edificación, sino el propio progreso de la humanidad.

Este doble objetivo queda reflejado en un sencillo esquema que, partiendo de la definición de las necesidades, y sorteando las múltiples vicisitudes de la planificación y construcción arquitectónica, conduce al doble fin propuesto.

De entre todas las circunstancias que afectan a este transcurrir, a menudo lleno de dificultades, el esquema resalta cuatro que son imprescindibles para poder desarrollar cualquier arquitectura. Las dos primeras, la economía y la normativa, son importantes porque si las normas urbanísticas lo impiden, o si no hay dinero, es imposible levantar nada. Las dos siguientes tienen que ver con el oficio del arquitecto. La primera alude a la propia arquitectura como disciplina, mientras que la segunda se refiere a la autoría del proyecto, al propio interés profesional del arquitecto que firma el edificio o el espacio urbano en cuestión.

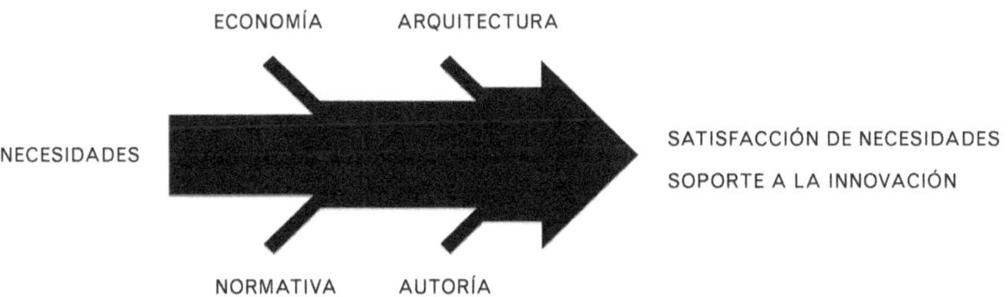

Un sistema como éste está ajustado cuando todas sus partes aportan su esfuerzo y energía a la consecución del doble fin común: satisfacción de necesidades y soporte a la innovación, de tal modo que el sistema se engrandece y se hace más efectivo con la contribución de cada parte.

4.

LA VIVIENDA DE LOS NUEVOS MODOS DE VIDA.
CRÓNICA DE UN FRACASO

PENSAR EL HABITAR 1988-1997

A finales de los años 80, poco tiempo antes del desembarco en nuestras vidas de las nuevas tecnologías que ahora nos acompañan a toda hora, muchos países europeos empezaron a convocar concursos de arquitectura destinados a definir las viviendas que los nuevos modos de vida, aún incipientes entonces, comenzaban a demandar. El concurso que marco el punto de inicio de esta tendencia fue el primer Europan, convocado en 1988 bajo el lema "Evolución de los modos de vida y arquitecturas de la vivienda", continuando la senda trazada por los concursos PAN para jóvenes arquitectos, existentes en Francia desde 1971. El PAN número 14 del año 1987, cuyo lema fue *Le logement en question*", el cuestionamiento de la vivienda, sirvió como modelo para este primer Europan, convocado al año siguiente en nueve países europeos, entre los que estaba España. Su enunciado afirmaba que mientras los modos de vida y las técnicas de construcción evolucionaban, la vivienda permanecía prisionera de modelos antiguos, marcos reglamentarios obsoletos y respuestas automáticas por parte del mercado inmobiliario.

A partir de este primer Europan, y en paralelo a sus siguientes ediciones, todo organismo público de nuestro país que tuviera algo que ver con la construcción residencial convocó nuevos concursos de arquitectura con similares pretensiones. Durante los siguientes años, todas las Administraciones Públicas y Colegios de Arquitectos, el Consejo Superior de los Colegios de Arquitectos e incluso, en alguna ocasión, las propias promotoras inmobiliarias, plantearon sus propios concursos destinados a definir la vivienda de los nuevos tiempos, con lemas que mostraban con claridad sus intenciones: "Nuevas soluciones habitacionales", "Nuevas tipologías de futuro de la vivienda social", "La casa del siglo XXI"...

Las propuestas que surgieron de estos concursos podían haber sido un buen punto de inicio para adaptar nuestras viviendas a muchos de los problemas apuntados en el capítulo 2 ("Nuevos modos en el habitante y en el habitar"). Pero, como tales, necesitaban ser experimentadas con el objetivo de evaluar con usuarios reales sus virtudes y defectos para, a partir de ello, poder entonces plantear nuevos prototipos que den lugar a otros, y esos luego a otros... camino del anhelado objetivo: lograr una vivienda capaz de responder a las nuevas formas de vivir y habitar.

Sin embargo, pocas de las propuestas surgidas en estos concursos llegaron a materializarse y, de las que lo hicieron, la gran mayoría tuvieron que prescindir de toda idea innovadora relacionada con la propia vivienda o su agrupación. Las que no lo hicieron, y muchas de las propuestas ganadoras, nunca salieron del papel.

En abril de 1993, la Xunta de Galicia organiza el Seminario Internacional "Llevando las ideas a la práctica", destinado a recopilar y analizar lo que había sucedido con los proyectos premiados en las dos primeras ediciones de Europan, una vez que, para poder llevarse a la práctica, tuvieron que enfrentarse a promotores y normativas. El resultado de esa investigación quedó recogido en la revista *Arquitectos* número 133, del Consejo Superior de los Colegios de Arquitectos de España (CSCAE), publicada en 1994, en paralelo al tercer Europan.

Como ejemplo de aquella gran decepción vamos a mostrar tres viviendas aparecidas en esta revista, enfrentando las ideas que ganaron el concurso con lo finalmente construido. Estos planos hablan por sí mismos de la enorme dificultad de llevar a la práctica aquellas maravillosas ideas:

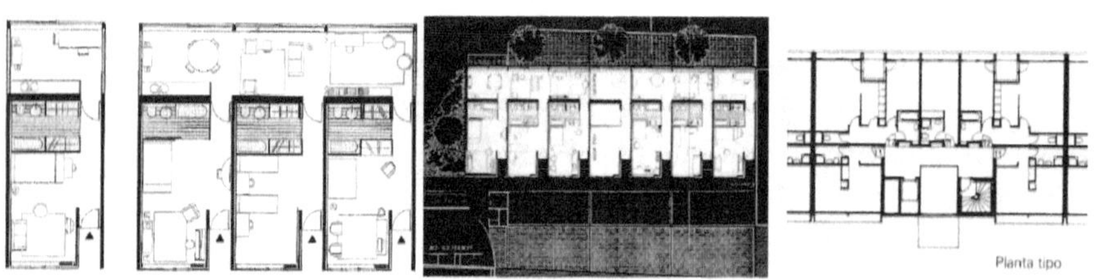

Europan 1: Viviendas en Meaux, Francia. Concurso.　　　　　Ejecución.

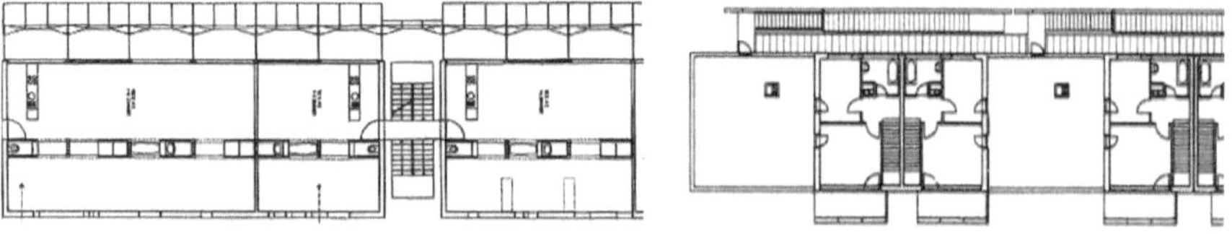

Europan 1: 19 viviendas en Graz, Austria. Concurso.　　　　　Ejecución.

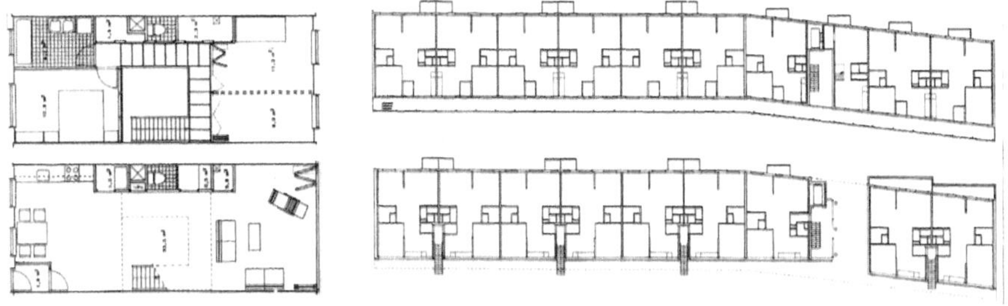

Europan 1: Viviendas sociales en Arnheim, Holanda. Concurso.   Ejecución.

Lo cierto es que si analizamos los escasos experimentos europeos de vivienda colectiva construidos en los años 80 y 90, ninguno nace de estos concursos. En Francia, por ejemplo, la gran mayoría de ejemplos destacables son encargos que se acogen a la normativa francesa de viviendas subvencionadas, una normativa que, a diferencia de la nuestra, sí permite desarrollar nuevas propuestas tipológicas, siempre que el precio final por vivienda no supere los baremos oficiales. Así son las viviendas Hermet-Biron (1982-87) de P. Soria, Jean Nouvel y G. Lezènes, las Nemausus (1985-87) en Nimes de Jean Nouvel, las viviendas en Villejuif (1992) de Yves Lion o los apartamentos para inmigrantes en Bordeaux (1994) de François Marzelle, Isabelle Manescau y Edouard Steeg. En el resto de Europa, los proyectos más interesantes bien surgen de cooperativas, como el *cohousing* danés Jystrup Sawmill (1984) o las viviendas Sargfabrik (1996) en Viena, o bien de encargos específicos, como las viviendas en Dapperbuurt (1989) en Amsterdam, de Margreet Duinker y Machiel van der Torre, la casa Hundertwasser (1985) en Viena, o los dos bloques de apartamentos Estradenhaus (1999) en Berlín de Wolfram Popp.

BURBUJA INMOBILIARIA 1997-2008

Nos disponemos ahora a encarar nuestros tristes tiempos burbujeantes desde cuatro perspectivas. La primera de ellas consiste en la narración de la experiencia vivida por dos compradores de vivienda de aquellos años.

DOS CASOS REALES

Estas dos viviendas de tres dormitorios fueron compradas a finales de los años 90 por dos amigos cercanos, Jose y Rafa. La de la izquierda, la de Jose, era una vivienda pública mientras que la de Rafa pertenecía a una promoción privada.

Vivienda 1. Promoción pública.

Vivienda 2. Promoción privada.

Si analizamos estas dos viviendas, veremos que responden a la perfección al modo de vida de los años 60 y 70, una época en la que los matrimonios duraban toda la vida, muchas mujeres eran amas de casa, la media de hijos por mujer era de 3, no se trabajaba en el hogar y las comunicaciones estaban centralizadas en el teléfono fijo.

Vamos a imaginarnos ahora a una joven pareja de hoy, aún sin hijos, que entra a vivir en cualquiera de ellas. Las dos viviendas cuentan con un salón algo limitado, y con tres dormitorios y dos baños, ya construidos. Dado que la media actual de hijos por mujer es de 1,38,[22] no parecen ser las casas que mejor se acomoden a las circunstancias iniciales de una joven pareja actual. Una operación tan evidente como la de, mientras no vengan los hijos, prescindir de un dormitorio para disfrutar de un estar más espacioso es ajena al diseño de estas dos viviendas. La cocina en la de la izquierda y los baños en la de la derecha lo impiden.

[22] El número medio de hijos por mujer es de 1,38 y la edad media a la maternidad está en 31,3 años. Fuente: INE Movimiento Natural de la Población e Indicadores Demográficos Básicos 2011.

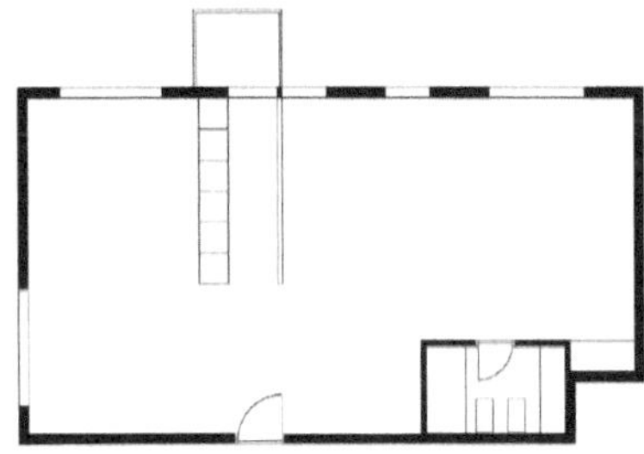

Vivienda 1. Propuesta del habitante

Jose, el de la casa de promoción pública, sin pareja ni hijos por entonces, intentó que solo le construyeran un baño, y que le dejaran la cocina abierta, sin separación, tal y como aparece en el plano superior.

Esta era la casa que en ese momento deseaba, un ámbito sin tabiques, a excepción del baño. Jose anhelaba vivir en un único espacio abierto que él mismo, poco a poco, iría colonizando, pudiendo llegar a compartimentarlo como fuera, en función de la evolución de su vida. No pudo ni pedirlo porque una vivienda pública no admite cambio alguno y cualquier variación que se haga en su distribución provoca que el adjudicatario pierda la subvención a la que tiene derecho. Esto sucede así porque en nuestro país todas las promociones públicas de viviendas deben cumplir con una Normativa que fija los criterios de diseño y las dimensiones de todas las estancias de la casa. Esta Normativa nació en los años 70 y se mantiene desde entonces sin apenas variación. Fue redactada por los abuelos de los actuales jóvenes que acceden a una vivienda, en función de los modos de vida de su momento. La de Madrid, por ejemplo, afirma que todos los espacios de la vivienda deben tener un uso definido por lo que, de este modo, la forma de habitar la casa queda también entonces definida. Según esta Normativa, la vivienda de tres dormitorios que le ofrecían a Jose recibía subvención, pero la que él quería no. Se podría afirmar entonces que:

El Estado no subvenciona un espacio donde sus ciudadanos puedan desarrollar la vida que deseen. El Estado subvenciona un determinado modo de vida, una manera de habitar.

Vivienda 2. Propuesta del habitante

El segundo amigo, Rafa, casado y con una hija, tampoco estaba contento con la casa que le ofrecían. Pidió a la promotora, privada en este caso, que dejara de construir el tabique que separaba los dos dormitorios pequeños, aunque estaba dispuesto a pagarlo. Tampoco le hicieron caso, ni le escucharon. La promotora no admitía variación alguna en las viviendas, ni en los acabados ni en la distribución.

Ambos recibieron sus casas tal cual, sin cambio alguno. Pese que estaban hipotecando media vida para acceder a ellas, ni la vivienda de promoción pública, ni la de promoción privada, contemplaba que los futuros habitantes pudieran adaptarla a sus particulares circunstancias y criterios.

Los dos, cuando recibieron su casa, se aventuraron a derribar un tabique, tan sólo uno. Pero para acometer esta obra, la transformación más sencilla que se puede hacer en una vivienda, necesitaron meter en su nueva casa nada menos que a 6 oficios: albañil, electricista, fontanero, colocador de pavimento, montador de falso techo y pintor. Y, además, con un resultado poco afortunado, porque seguimos construyendo las viviendas como en el pasado, levantando los tabiques antes de colocar el suelo y techo que, de este modo, quedan cortados en ellos. Desde hace muchos años existe la tecnología para construir las casas como las oficinas, con tabiques desmontables, pero no la utilizamos. Se podría decir entonces que:

La inmensa mayoría de las viviendas actuales no están concebidas ni construidas para facilitar su posterior transformación.

Son casas *cerradas* que tratan de imponer un modo previamente determinado de uso. Son casas *estáticas* que no facilitan que sus ocupantes las adapten a su particular modo de vida. Y se mantienen *inmutables* frente a los cambios de necesidades o los procesos creativos de sus habitantes.

DINÁMICAS NUTRITIVAS

La segunda perspectiva de aproximación a nuestra burbuja inmobiliaria nos lleva a reflexionar, apoyándonos en el esquema planteado en el capítulo anterior, sobre las 5 millones de viviendas proyectadas en nuestro país entre los años 2000 y 2007:

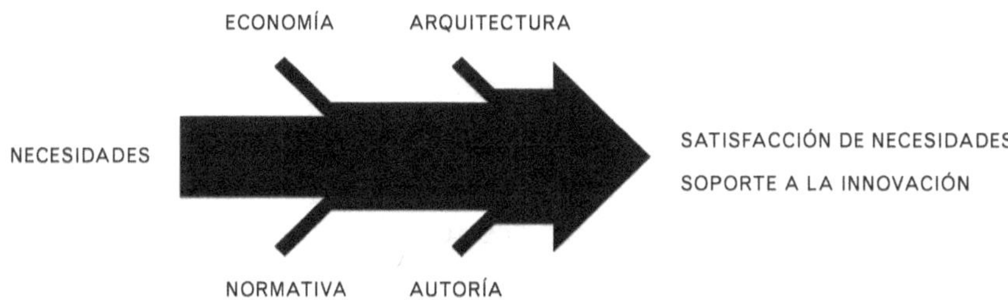

Decíamos que este sistema está ajustado cuando todas sus partes aportan su esfuerzo y energía a la consecución del doble fin común: satisfacción de necesidades y soporte a la innovación. Es decir, cuando todas participan de un anhelo superior a cada una de ellas: la creación de una vivienda que responda a las circunstancias actuales y abra paso a las futuras. Sin embargo, durante los años de euforia inmobiliaria, el sistema ha funcionado de esta otra forma:

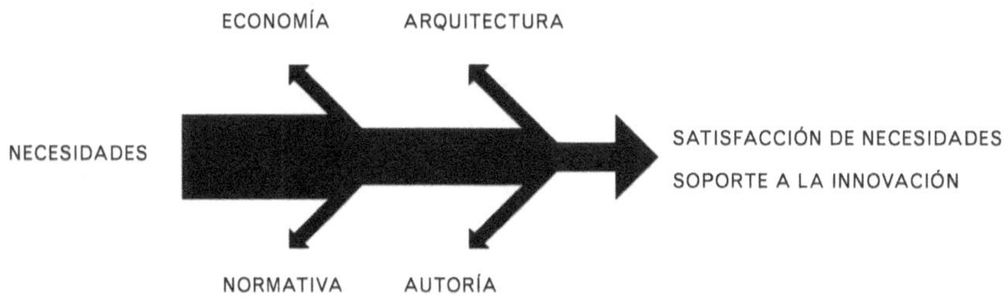

Cada una de las partes empezó a trabajar para sí misma, se olvidó de ser partícipe del proyecto común, dejó de aportar al sistema y comenzó a nutrirse de él. El sistema se desajustó cuando la obtención del beneficio económico se convirtió en el único fin, o cuando las normativas no se renovaron para adaptase a la realidad sino que trataron de imponerse sobre ella. Pero también cuando los arquitectos empezaron a diseñar para la arquitectura, o para lograr el reconocimiento del resto de arquitectos, en lugar de para contribuir al progreso de la sociedad.

Para explicar esto último debo remitirme a mi experiencia personal. Yo estudié arquitectura en los años 80, una época de un fuerte auge individualista, en donde la arquitectura recuperó un cierto "ardor artístico".[23] En esos años surgieron muy variados "ismos": el post-modernismo, el deconstructivismo, el minimalismo..., y los arquitectos recuperaron, al abrigo de estas corrientes o de forma independiente a ellas, un ansia de expresión individual, un anhelo de innovación formal, un interés preferente por lograr la máxima libertad creadora, camino de un reconocimiento artístico.

De acuerdo con aquella época, nuestra generación fue educada para encaminar su labor profesional en dos sentidos: el primero ya lo hemos apuntado, muy propio de aquel momento: descubrir y potenciar el artista que se alojaba en el interior de cada uno de nosotros. El segundo era aún más importante y hacía referencia a nuestra relación con la propia arquitectura. Este segundo objetivo nos convertía en fieles servidores de una lucha, la que vivía la arquitectura moderna contra una sociedad que no se rendía ante ella; una lucha encaminada a aumentar la libertad artística de los arquitectos; una lucha en donde estaba permitido crear edificios menos cumplidores con las demandas del cliente, más difíciles de mantener o con una vida útil menor si, a cambio, incorporaban un alto valor arquitectónico, que era algo que sólo los arquitectos podíamos otorgar, en función de nuestros conocimientos y modas. Y toda esta cruzada para la que éramos entrenados estaba rodeada de una profunda queja, contra una sociedad "inculta" que no comprendía a los arquitectos y les impedía proyectar "buena" arquitectura. Este lamento, aparte de convertirse en el combustible que impulsaba la batalla, generaba un pensamiento común compartido por una parte importante de la profesión: que el triunfo sólo

[23] Luis Fernández Galiano: "Ha pasado mucho tiempo, y aquel ardor artístico encendió una hoguera de las vanidades que, extinguido el fuego, solo deja tras de sí sabor a ceniza". "Más por menos". *Arquitectura Viva* 133, 2010, p. 3.

se lograría si lográbamos "educar a la gente", poco a poco, proyecto a proyecto, edificio a edificio.

Este segundo sentido de nuestra formación como arquitectos nos empujaba a conducir todo encargo que obtuviéramos a nuestra lucha particular, a nuestro territorio, trasladando en lo posible las demandas que la sociedad ponía en nuestras manos a las modas e inquietudes de la propia arquitectura.

Por todo ello, los que aprendimos arquitectura en los años 80, algunos de los cuales firmarían, con el tiempo, muchos proyectos de los años posteriores de euforia constructiva, tuvimos poco en cuenta alguno de los factores del esquema planteado, como la economía o la normativa, al tiempo que sus dos objetivos finales tampoco estaban muy presentes en nuestra formación. Pocas eran las ocasiones en que, cuando aprendíamos a proyectar, nos teníamos que ceñir a un programa concreto de necesidades, y más bien parecía que el objetivo era aprender a diseñar buena arquitectura, capacitada para cumplir los usos que ella, por sí misma, admitiera. Pero lo que es aún más significativo es que la noción de soporte a la innovación que hemos planteado como segundo objetivo de la arquitectura era, sin duda, completamente ajena a nuestra formación como arquitectos. Por todo ello, y en sintonía con aquella época, podríamos afirmar entonces que fuimos educados para tratar siempre de situar la sociedad al servicio de la arquitectura.

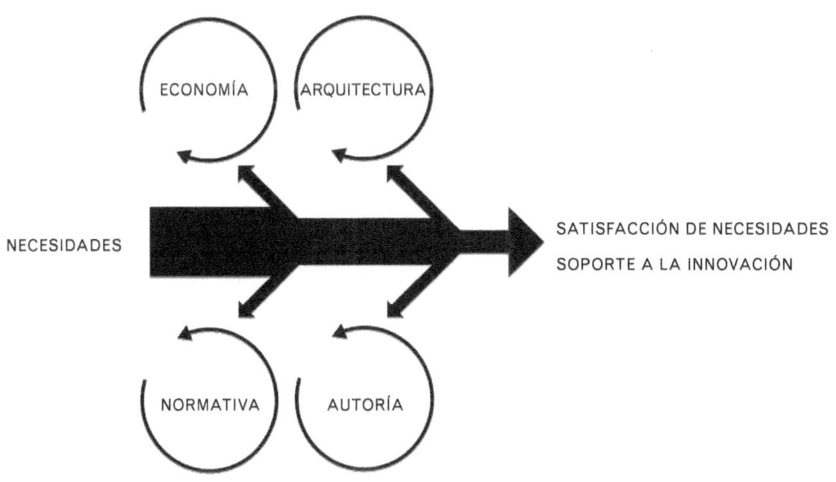

Volviendo a nuestro esquema, hemos representado esta succión de lo común mediante un movimiento centrífugo, aparecido no solo en la arquitectura sino también en el resto de los componentes del sistema, causado porque el interés preferente abandona el objetivo común a todos, el que da sentido a todo él, para centrarse en el propio interés de cada uno de ellos.

En el caso particular de los arquitectos, este interés centrifugo se traduce en que nos juntamos entre nosotros, dejamos de relacionarnos con personas que no sepan quien fue Le Corbusier, nos emparejamos entre nosotros, y nos damos premios a nosotros mismos en función de criterios que solo nosotros entendemos. Y estos premios, salvo contadas excepciones, los concedemos en base a fotos que retratan un estado idílico previo a la llegada de los futuros usuarios, como si deseáramos que no lo hicieran, o como si temiéramos que alteraran nuestra creación, que más parece entonces haber sido concebida como una obra de arte intocable destinada a ser admirada, que como una herramienta para el desarrollo personal y social de sus ocupantes. De nuevo, muy lejos de la idea de soporte a la innovación aquí planteada.

Pero eso mismo, ese nutrirse en vez de aportar, también sucedía con otros componentes del esquema, como los empresarios de la promoción y construcción de viviendas, o los cargos urbanísticos. El caso de estos últimos, encargados de redactar y aprobar la normativa que regula el funcionamiento del sistema, resulta ahora, en plena crisis, muy evidente,[24] pero nunca lo ajeno debe ser una excusa para desentendernos de perseguir una ética y un sentido en lo propio, en lo nuestro.

Enriquecemos ahora el esquema con algunas creencias de la época. Arriba las que nos gobiernan y abajo las de la burbuja, entre las que podemos destacar la de mayor éxito: "la vivienda nunca baja". En la actualidad, cuando las casas han perdido la mitad de su antiguo valor, su sola mención nos provoca risa, pero en su momento era una verdad incuestionable. Y este hecho nos lleva a hacernos la siguiente reflexión: acabamos de descubrir la trampa que se esconde detrás de

[24] La filósofa y escritora Victoria Camps escribe en el Prólogo a la propuesta de Ley de Partidos, presentada en octubre de 2014, que los cargos políticos electos "una vez en posesión de sus cargos, se han venido mostrando más pendientes de rendir cuenta de sus actuaciones a sus respectivos partidos, que de atender a las demandas de la ciudadanía".

las creencias de abajo, las que inflaron la burbuja y que, una vez desen-
mascaradas, pudimos apreciar los intereses que ocultaban tras su falsa
apariencia de verdades absolutas, al tiempo que su enorme potencial
para crear pobreza y desigualdad. Ahora que hemos aprendido esto,
¿no sería el momento oportuno para cuestionarnos las "verdades" de
arriba? Porque sin duda en ellas, y en su engañosa apariencia "natural",
está el origen de gran parte de lo que hemos vivido y estamos viviendo.

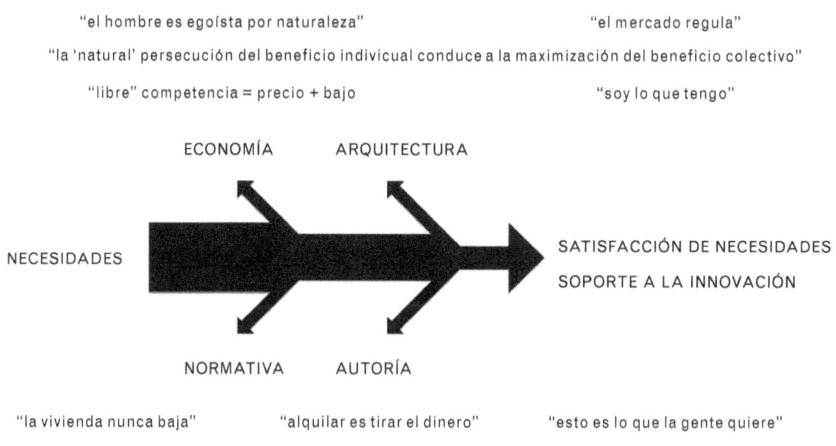

Con tanto interés ajeno, el sistema se olvidó de su finalidad, se des-
preocupó por completo de las necesidades reales de los futuros habitantes y se limitó a repetir modelos anteriores que daban respuesta
a modos de vida pasados. Y en cuanto al segundo de los objetivos,
facilitar la innovación de los futuros habitantes en el interior de sus
viviendas, la arquitectura, sumergida en el "ardor" artístico de esa
época, una parte importante de los políticos, empeñados en inaugurar
edificios vistosos para perpetuarse en el poder, de los promotores, con
una codicia insaciable, y de los arquitectos, llenos de vanidad, usurpa-
ron esa innovación de los usuarios para llevarla a la arquitectura en sí
misma. Lo importante pasó a ser la belleza de la propia arquitectura,
no lo que fuera capaz de generar en su interior. Y, de este modo, la
arquitectura dejó de ser un medio para el progreso de la sociedad y se
convirtió en un fin en sí misma. El sistema olvidó su meta, su sentido,

su razón de ser, y este desinterés y esta ceguera compartida nos llevó, a casi todos, a seguir construyendo para las necesidades de nuestros abuelos y, despreocupados por completo de las viviendas que se levantaban, dedicarnos a ganar dinero, que era lo único que en esos años importaba. La vivienda era una mera excusa para enriquecerse, m² de lo que fuera que aumentaban de precio a un ritmo vertiginoso, puro valor especulativo, poco más que eso.

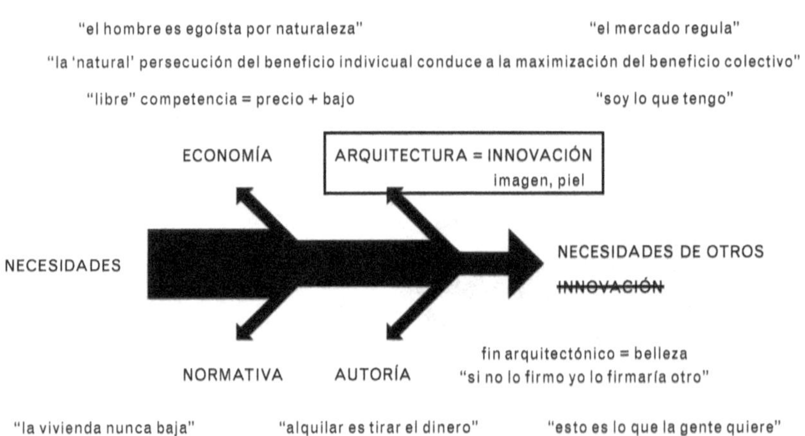

PRESENCIA SIN ESENCIA

Pero no todo ha sido repetición del mismo modelo de décadas pasadas. En todos estos años de euforia constructiva también hubo innovación arquitectónica aunque, al menos en la vivienda colectiva, esta innovación fue tan solo epidérmica, de piel, de imagen exterior. Muchos promotores privados, al tiempo que impedían a sus arquitectos replantear el interior de las viviendas que se disponían a sacar al mercado, les animaban a vestir a la última los bloques que las albergaban. Por su parte, en la vivienda pública, gran parte de los concursos se fallaban en función de la espectacularidad de su imagen exterior, creada, a ser posible, con materiales nunca antes utilizados en una fachada. La época, la arquitectura, el negocio y los gobernantes demandaban lo mismo: impresionar en vez de solucionar, crear fantásticos contenedores despreocupados de su contenido, pura presencia sin esencia.

Resulta significativo que en el año 2010, el Ministerio de Vivienda y el Consejo Superior de Colegios de Arquitectos de España editen un libro, llamado *Modos de habitar*,[25] recogiendo los premios de arquitectura concedidos por ambos organismos desde el año 2003. Estos premios abarcaban dos categorías: propuestas de futuro de vivienda y proyectos residenciales construidos. Dentro de ésta última, el libro muestra 20 proyectos premiados y 50 seleccionados, con la peculiaridad de que, de estos 70 proyectos construidos, los mejores ejemplos de vivienda colectiva hechos en nuestro país desde el año 2003, tan solo en dos de ellos se enseña el interior de las casas. En uno aparece vacío, y sólo en el otro la vivienda se exhibe amueblada, que no habitada. Son las *64 viviendas VPO en Carabanchel*, Madrid, firmadas por José González Gallegos y María José Aranguren y finalizadas en el año 2004.[26]

De este proyecto, que podemos calificar, a partir de la lectura de este libro, como el gran experimento español de vivienda flexible de los últimos años, ni el Ministerio ni el Consejo Superior, los que conceden estos premios, ni cualquier otro organismo público o privado de nuestro país interesado por la vivienda o por la arquitectura, se han preocupado de estudiar, en los 10 años transcurridos desde su inauguración, qué problemas encontraron sus ocupantes y cómo se han enfrentados a ellos.[27] Así que, si no estudiamos nuestros "experimentos", ¿cómo vamos a saber si funcionan o no? ¿Cómo vamos a deducir el modo de mejorarlos?

En Francia, en donde, como ya hemos indicado, la vivienda pública admite ciertas realizaciones experimentales, sí es habitual que se hagan estudios sobre cómo son habitados los nuevos modelos de viviendas que allí se levantan, mostrando la creatividad e innovación desplegada por sus habitantes en su interior. Veamos un par de ejemplos:

Las *viviendas en Villejuif* (1992), de YVES LION, desarrollan la "banda activa" que el propio arquitecto planteó en su célebre propuesta de

[25] *Modos de habitar*. Concursos sobre los modos de habitar. Ministerio de Vivienda y CSCAE, 2010.

[26] Primer premio Soluciones urbanas 2005. *Ibid.*, p. 287.

[27] Según parece, ahora hay un arquitecto que, a título individual, está elaborando una tesis sobre esto.

1992: *Domus Demain*. Estas viviendas sitúan en su fachada un doble muro acristalado que aloja en su interior todas las zonas húmedas de la casa, permitiendo la entrada de luz sobre los espacios interiores. El objetivo de Lion era doble: lograr una gran sensación de amplitud interior y facilitar la sustitución o mejora de los sistemas técnicos de las cocinas y aseos, situados en esta "banda activa". El libro *Yves Lion. Logements avec architecte*, de Jean-Michel Léger, publicado en 2006, analiza, caso por caso, la forma en que cada uno de los usuarios de las viviendas en Villejuif se apropió de su casa, describiendo en cada una tanto la situación personal de sus habitantes como el amueblamiento y uso que han hecho de ella.

1992 Yves Lion: viviendas en Villejuif, Francia 1986-1992

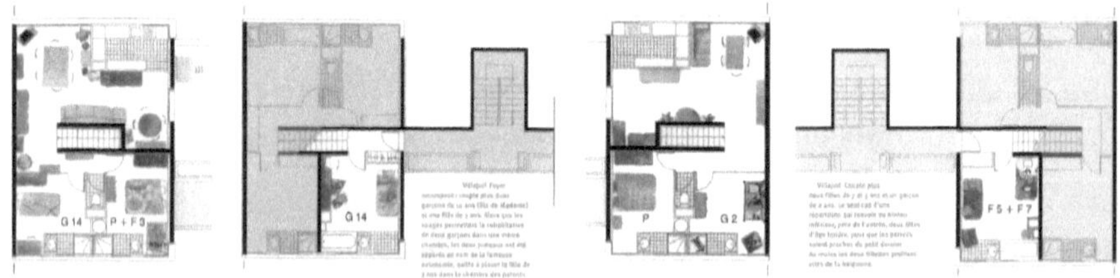

Ejemplos de mecanismos de apropiación de las viviendas, decisiones de amueblamiento y circunstancias de los habitantes. Jean-Michel Léger: Yves Lion. Logements avec architecte. Creaphis, 2006.

El segundo ejemplo son las *Viviendas en Mulhouse* (2005), de LACATON y VASSAL, un experimento de vivienda colectiva que, mediante el uso de sistemas constructivos económicos, entrega a sus habitantes más espacio por el mismo dinero, al tiempo que también les otorga una gran libertad para que se apropien, a su manera, del interior de sus viviendas. De esta "realización experimental" también hay estudios que analizan el modo de habitar desplegado por sus moradores, casa por casa, habitante por habitante.

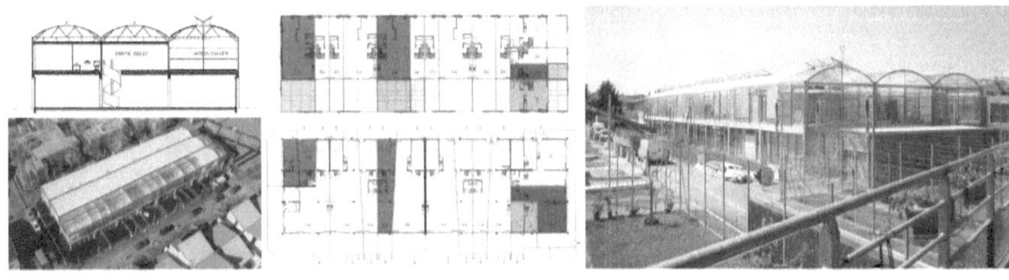

2005 Lacaton y Vassal: Viviendas en Mulhouse, Francia.

Formas de habitar las *viviendas en Mulhouse*. En el libro *Lacaton & Vassal. Cité de l'architecture & du patrimoine*. Hyx, París. 2009.

LA VIVIENDA DESARROLLADA

La arquitectura es un fiel reflejo del mundo en donde se inserta, por lo que las viviendas promovidas en los países "avanzados" deberían entonces evidenciar los valores que rigen sus sociedades: el individualismo y la competitividad, la priorización del beneficio económico y la irresponsabilidad sobre los actos destinados a lograrlo, el culto al crecimiento económico, la uniformidad de individuos y pensamientos, la perpetuación de creencias, aunque no sean válidas... ¿Cómo podríamos reconocer estos valores en las viviendas de esos países?

La vivienda del mundo "desarrollado" se ha transformado en un mero bien de consumo, y en algunos países se ha convertido también en el más importante motor del crecimiento económico. Una vivienda en propiedad constituye la mayor inversión del ciudadano "desarrollado" porque se adquiere, sobre todo, con dinero futuro, lo que provoca que, por el volumen de deuda que genera, sea el bien ideal para engendrar una burbuja económica. Aun cuando el precio de la vivienda se incremente mucho, los ciudadanos siguen pudiendo acceder a ella, ampliando el tiempo de endeudamiento.

En una dinámica cortoplacista en donde el futuro se limita al próximo horizonte electoral, una burbuja inmobiliaria proporciona crecimiento económico inmediato, debido a que incorpora a la dinámica económica del momento una parte importante del dinero futuro de los ciudadanos, disparando el PIB e impulsando la reelección de los gobernantes que la han promovido. Pero cuando la burbuja se pincha, ¿qué sucede con todos los ciudadanos que están endeudados de por vida para poder acceder a una vivienda? ¿Quién es *responsable*? El único responsable es, según parece, como acabamos de comprobar en nuestro país, el mercado. Los que han promovido las viviendas, los que han concedido hipotecas sin sentido, los que han firmado los proyectos, los que han aprobado los planes urbanísticos que amparaban desarrollos sin medida, y los que no han promulgado las leyes que cortaran esta insostenible dinámica económica se sienten exentos de toda responsabilidad. Todos ellos han operado conducidos por el valor dominante: la obtención del máximo beneficio personal y, guiados por él, con completa *inconsciencia*, o total indiferencia, sobre cómo sus actos repercutían en el futuro de todos.

Nos centramos ahora en las propias viviendas del mundo "desarrollado", y nos preguntamos: ¿quién las diseña? Los arquitectos hace tiempo que dejaron de hacerlo, porque el propio "mercado", en las promociones privadas, o la "normativa", en las públicas, ya se encargan de ello. Y el interés del mercado y las normas no parece ser crear un entorno en donde sus habitantes puedan desplegar su propia manera de habitar, un escenario para su crecimiento personal, o un ámbito que incentive el desarrollo de su creatividad e individualidad. No, su objetivo es otro.

Si nos fijamos en la promoción privada, las viviendas diseñadas por el mercado tienen un único propósito: maximizar el beneficio económico de los agentes que intervienen en su promoción y construcción, por eso son uniformes y mínimas. Siendo uniformes la dinámica productora-consumidora es más sencilla y, por tanto, más lucrativa. Siendo mínimas el beneficio es mayor y el negocio puede abarcar a todos los ciudadanos, no solo a los más pudientes.

Por su parte, las casas diseñadas por la normativa de vivienda pública, al menos en nuestro país, perpetúan una forma de vivir pasada, de casi medio siglo atrás, momento en que esas normas fueron redactadas.

Pero los modos de vivir y habitar van cambiando y existe una creciente minoría cuyas vidas son muy diferentes a las de sus padres o abuelos. Sin embargo, en nuestro propio país hemos comprobado la dificultad de trasladar este cambio social a la normativa que rige la vivienda pública, debido a que una parte importante de nuestro espectro político es "conservador", por lo que su interés preferente está más en preservar lo antiguo, lo de siempre, que en acoger lo nuevo. Para estos partidos, y para los que les apoyan, las leyes no parecen estar destinadas a reflejar e incentivar la evolución de la sociedad sino, más bien, a evitar que lo haga.

Pero, en paralelo, el mercado también tiende a ser conservador, repitiendo una y otra vez formulas de éxito pasado. Pese a que, según vimos en el capítulo 2, las encuestas muestran que las formas de vida tradicionales van siendo cada vez menos mayoritarias, la casi totalidad de viviendas levantadas en los años de euforia constructiva estaban destinadas a ese sector poblacional. El mercado insiste en dinámicas pasadas por lo que promueve, preferentemente, viviendas preparadas para acoger modos de vida antiguos, perpetuando valores cada vez más obsoletos.

Pese a que la vida cambia, las casas diseñadas por el mercado o las normas siguen siendo casi idénticas a las de los abuelos de los jóvenes que acceden a ellas, al tiempo que promueven una forma de vida individualista que minimiza el contacto y la implicación entre vecinos. Sus habitantes, al entrar a vivir en ellas, las amueblan con las mismas cosas que los demás hogares, compradas en el mismo gran almacén de decoración y, una vez en su interior, protegidos de lo de fuera por fuertes puertas blindadas, abren su gran ventana al mundo exterior: la televisión, por donde entra en sus vidas los valores que guían las sociedades "avanzadas": el culto a la felicidad conseguida por medio de la posesión de bienes, el anhelo del máximo beneficio personal, la uniformidad consumista y los dos motores que impulsan la competencia: el miedo y la codicia, las dos caras de la moneda del deseo. Y allí protegidos en su nueva vivienda, se sienten a salvo de toda responsabilidad sobre lo que pase fuera, porque hace tiempo que delegaron la toma de decisiones sobre los asuntos comunes en otros, aunque cada cuatro años salen a votar para premiar al partido político que mejor les ha manipulado.

Pero, ¿qué puede hacer un habitante "libre" en estas viviendas promovidas por el mercado o las normas? Poco. Estas casas están diseñadas para un modo de vida previamente determinado. Son casas que imponen la forma de habitarlas o que, al menos, dificultan otra manera de habitarlas. Están concebidas por personas ajenas a sus habitantes, sin tenerlos en cuenta, *perpetuando* una forma de vida cada vez más obsoleta y sin tener en consideración que el habitante pueda desear vivir de otro modo.

La vida cambia y seguimos insistiendo en los mismos valores de siempre.

La vida cambia y seguimos construyendo las mismas casas de siempre.

INMOVILISMO 2008-2012

Desde el colapso del año 2008, y la posterior disolución de aquel simulacro en donde creíamos vivir, poca reflexión ha habido en nuestro país sobre el papel jugado por cada una de las profesiones en esas décadas de locura y despropósito. Y, aunque nos duela, esta reflexión es imprescindible para no volver a caer en lo mismo, para no dejarnos arrastrar de nuevo por las mismas corrientes que, como hemos podido comprobar, acaban generando, sobre todo, desigualdad y pobreza. Si distinguimos, dentro del disparate constructivo de esos años, entre la obra pública y la promoción privada, en ambos campos nuestra labor, el papel jugado por los arquitectos, requiere una profunda autocrítica. Veamos algún ejemplo:

La inmensa mayoría de las promociones privadas de esos años han sido proyectos residenciales que, analizados en función de su "calidad" arquitectónica son, por decirlo con educación, ocasiones perdidas. Hemos desaprovechado 5 millones de oportunidades, el número de viviendas visadas en nuestro país entre los años 2000 y 2007, de acomodar nuestras casas a los modos de vivir presentes y futuros. Y no hay más que darse una vuelta por los extrarradios de las ciudades, por la costa o por los pueblos del interior, para comprobar el desinterés con que ha sido proyectada toda esta arquitectura especulativa. Porque no podemos perder de vista que todos esos edificios sin valor, desde el primero al último, llevan la firma de algún arquitecto con pocos escrúpulos, que probablemente calmaba su conciencia recitando dos de los mantras profesionales extendidos en aquellos años: "esto es lo que la gente quiere" y "si no lo firmo yo lo firmaría otro". Estas dos ideas, como otras tantas de aquel momento, sin duda reclaman una profunda reflexión ética.

En cuanto a la obra pública, toda nuestra labor en este campo nace de algún concurso, algunos de los cuales, en su momento puede que no pero ahora ya lo tenemos muy claro, eran generados por ciertos gobernantes para enriquecerse y/o perpetuarse en el poder.

[28] Entrevista a Rafael Moneo, *La Vanguardia Magazine* 13-12-2013.

Parte de estos concursos eran un despropósito desde su propio planteamiento. Rafael Moneo se refería así a ello en el año 2013: "He rehusado entrar en concursos restringidos o públicos cuyo enunciado no me parecía adecuado para resolver la cuestión urbanística de turno",[28] porque "un arquitecto debe sentirse cómodo con el programa. No puede decir: 'Me pidieron tal cosa y no he tenido inconveniente en hacerla'. Hemos visto hacer muchos proyectos llamados al fracaso. Por su propio enunciado. Personalmente, he intentado estar donde creía que podía estar sin lesionar los intereses del cliente ni los de la sociedad. Esto me parece elemental y lo reclamaría a todos. Se trata de observar unas normas de comportamiento, una ética".[29]

Siguiendo con la obra pública, en esos años tampoco era extraño que los arquitectos ganadores de un concurso, tras elaborar el proyecto e iniciar la obra, fueran testigos de prácticas corruptas que suponían un saqueo sistemático del dinero público por parte de políticos, funcionarios o constructoras. Pero en la mayoría de las ocasiones hemos mirado para otro lado, porque no era nuestro asunto, o porque no queríamos entorpecer esa oportunidad bien ganada de dejar nuestra huella arquitectónica, nuestra impronta artística, o de contribuir a la colonización del territorio por la "buena" arquitectura moderna. Esta crítica se refiere a una dinámica muy común en la obra pública de esos años, que empezaba por adjudicar la construcción a empresas amigas que contribuían al partido político de turno. Estas empresas optaban al concurso con "bajas" ganadoras, con la promesa de que, durante la obra, se les permitiría un sustancioso incremento del coste total que compensaría tanto la donación al partido como la baja temeraria.

Los arquitectos, concentrados en ensalzar la arquitectura y, de paso, su propia arquitectura, estaban, por lo general, al margen de estas prácticas corruptas, pero con cada nuevo incremento del coste de la obra acordado por políticos y constructoras, en ocasiones a sus espaldas, también veían crecer sus honorarios. Y, además, ciertas empresas constructoras, con cada "modificado" aprobado, ofrecían a los arquitectos redactarles el proyecto arquitectónico que, por ley,

---

[29] *Ibid.*

debía recoger los incrementos de obra y las nuevas partidas. De este
modo, en caso de aceptar, con cada aumento del coste de la obra,
los arquitectos tan sólo tenían que poner su firma en un documento
hecho por otros, y esperar a cobrar. Estas dinámicas nos convertían
en cómplices, o al menos en testigos, de todo este sistemático manejo
corrupto que ha saqueado durante tantos años el dinero de todos, ese
que ahora falta, según nos dicen los que manejan las cuentas, para lo
esencial: educación, sanidad, investigación...

¿Necesitamos o no una profunda reflexión sobre qué lugar nos toca
ocupar en esta nueva etapa?

5.

PRIMER OBJETIVO DE UNA VIVIENDA: SATISFACCIÓN DE NECESIDADES

Hemos mencionado como primer objetivo de toda arquitectura la satisfacción de las necesidades demandadas por la sociedad. Si nos centramos en la arquitectura de la vivienda, este objetivo nos conduce a la necesidad de crear un hábitat capaz de responder de forma satisfactoria a los nuevos modos de vida, concebido como destino de lo existente y enraizado en las necesidades reales de sus futuros moradores.

El capítulo segundo describía diferentes aspectos de los nuevos estilos de vida que están revolucionando nuestras sociedades, y al final del mismo señalaba que las nuevas maneras de vivir y habitar son cada vez más variables e imprevisibles, mutando con creciente rapidez. Sin embargo, pese a que el cambio es cada vez más veloz, el tiempo de planificación y construcción de una vivienda sigue siendo lento,[30] por lo que cada día tiene menos sentido levantar una casa que responda a un requerimiento determinado, ya que es muy probable que éste cambie, incluso en el transcurso de la obra. Debemos en cambio empezar a considerar cada proyecto como un proceso abierto que incluya mecanismos de realimentación, entenderlo como un esquema general preparado para ser variado, un embrión que se desarrollará en función de la evolución de las necesidades iniciales y la aparición de otras nuevas. Las nuevas formas de vivir y habitar exigen dejar de planificar edificios como un producto acabado, pasando en cambio a considerar el proyecto, la obra y el posterior uso de la vivienda como un proceso en continua redefinición y transformación.

Veamos ahora algunas ideas o imágenes que desarrollan este planteamiento habitacional como destino de lo existente, de lo real, y que nos pueden ayudar a concebir nuevas viviendas adaptadas al mundo actual. Partimos de una pregunta: ¿cómo sería una casa capaz de dar satisfacción a las necesidades de los nuevos modos de vivir?

[30] Yona Friedman escribía en 1957: "las transformaciones sociales y del modo de vida cotidiano son imprevisibles para una duración comparable a la de los edificios". Yona Friedman: *La arquitectura móvil*. Poseidón, Barcelona, 1978. Diccionario de conceptos para "la arquitectura móvil" (1957-58).

USO VARIABLE

Una vivienda que concediera a sus usuarios la posibilidad de una utilización diversa y cambiante. Un espacio que sus ocupantes pudieran completar, conceptualmente, y que, siempre que quisieran, pudieran transformar con facilidad, cuantas veces deseen, de acuerdo a sus ideas o necesidades. Un ámbito que se adaptara a sus habitantes en vez de exigirles a ellos que se adecuen a él. Un sistema abierto preparado para mutar a medida que interactúa con sus usuarios. Una arquitectura creada para ser transformada. Un entorno flexible capaz de responder, en cada momento, a las demandas de sus moradores.

ESCENARIO DE TEATRO

Un escenario de teatro es un espacio neutro y adaptable en donde se pueden representar muy variadas obras de teatro, cuantas más mejor. Obras no solo del pasado sino también futuras, que aún desconocemos cómo serán. Y un buen escenario debe poder acoger la mayor variedad posible de propuestas teatrales, planteando las mínimas dificultades frente a las transformaciones requeridas.

La vivienda que las nuevas maneras cambiantes de vivir y habitar demandan debería ser como un escenario doméstico transformable a voluntad, de forma que muchos planteamientos de hábitat sean realizables en su interior, desde los más convencionales a las nuevas formas de convivencia, existentes o futuras.

INSTRUMENTO MUSICAL

Una vivienda concebida como un instrumento musical, no como una partitura. Un instrumento con el que el intérprete-habitante pueda componer su propia música, su forma personal de habitar.

TAZA DE TÉ

"De la existencia provienen las cosas y de la no existencia su uso".
Tao Te Ching. S. VI a.C.

Una leyenda Zen narra cómo un estudioso occidental, tras haber dedicado muchos años a la lectura y aprendizaje, visita a un maestro y le solicita que le transmita los secretos de su sabiduría. Cuando se presenta ante él, empieza por describirle todas las enseñanzas y títulos que ha obtenido en sus años de sacrificados estudios. Por toda respuesta el maestro se limita a ofrecerle una taza de té. Al servirle, continúa vertiendo té, pese a que la taza del visitante está ya llena, de modo que el líquido se derrama por la mesa y el suelo. El visitante, asustado, exclama: "¡Basta, la taza ya está llena, es imposible que quepa más!". El maestro deja entonces de echar té y, pausadamente, le dice: "Al igual que esta taza, tu mente está llena de ideas preconcebidas. Solo podrás aprender algo si previamente vacías tu taza."

La inmensa mayoría de las viviendas construidas en las últimas décadas han sido tazas de té, ya llenas. En ellas el té esta elegido y servido, sin hueco para nada más y, además, su arquitectura impide vaciar la taza para, a partir de entonces, verter en su interior otro contenido o utilizarla de un modo diferente y personal. Estas viviendas imponen a sus habitantes el modo de habitarlas, obligándoles a beber un té elegido por otros.

La taza de té que una vivienda preparada para acoger las nuevas pautas de lo cotidiano entregaría a sus usuarios estaría vacía, ya que son ellos los que deben llenarla o utilizarla como deseen. El valor de esta vivienda estaría entonces en la variedad de usos que admite desarrollar en su interior, y su arquitectura trataría de evitar poner límites o condicionar su uso. El objetivo sería otro: alentar a sus habitantes a que amplíen su espacio mental, reflexionando y replanteando su modo de vivir y experimentando por sí mismos nuevas formas de utilización de su hábitat. Y, al igual que una taza de té, solo adquiría su verdadero sentido cuando sus habitantes interactúen con ella para adaptarla a su forma de habitar, a sus verdaderas necesidades, a sus propios valores.

Cercano a esta imagen de una taza por llenar está el concepto japonés del *Ma*, que es a la vez temporal y espacial. El *Ma* es el intervalo entre dos cosas, teniendo una clara connotación positiva. El silencio entre dos notas musicales o el espacio entre dos objetos son dos ejemplos de *Ma*, pero el *Ma* también puede abarcar, simultáneamente, su doble dimensión espacial-temporal, tal y como queda expresado en la siguiente definición: *Ma is the inside space of a cup waiting to be fulfilled.*

La vivienda que los nuevos modelos de convivencia y trabajo requieren no debería ser más que puro *Ma*, un espacio "capaz" de muchas cosas, a la espera de ser intervenido. Solo entonces adquirirá su sentido.

PLACER Y DISFRUTE

En el CIAM de Frankfurt del año 1929 los arquitectos alemanes de la *Neue Sachlichkeit* establecieron las bases para reducir la vivienda a su "mínimo universal". El arquitecto suizo LE CORBUSIER se enfrentó a ellos al defender una arquitectura de la vivienda que persiguiera su "máximo existencial".

Tres años después, el GATEPAC español mostraba así su rechazo: "No bastará que una vivienda sea confortable materialmente, tenemos también derecho a un confort espiritual (...) Optimismo (alegría de color y la luz, elementos vivos, plantas, etc.)...; Reposo (líneas tranquilas y volúmenes agradables para nuestra vida cansada) (...) Son indispensables estas condiciones que podemos llamar orden espiritual; sin ellas solo tenemos algo que es producto de un cálculo matemático, la *'machine à vivre'* demasiado estrictamente interpretada, y como resultado, una arquitectura miserable; condenemos esta arquitectura".[31]

Más tarde, en los años 60, los arquitectos del grupo *Team X* se opusieron al concepto de "vivienda mínima" surgido en aquel CIAM y adoptado extensamente desde entonces en toda Europa. GIANCARLO DE CARLO, arquitecto italiano de este grupo, repasaba de esta forma los 40 años transcurridos desde aquel CIAM: "Al tiempo tenemos derecho a preguntar 'por qué' la vivienda ha de ser lo más barata posible y no,

[31] *AC*, publicación del GATEPAC. Número 6, 2º trimestre 1932. Editorial, p. 21.

por ejemplo más bien cara; 'por qué' en vez de hacer todos los esfuerzos por reducirla a los mínimos niveles de superficie, de grosor y de materiales, no deberíamos tratar de hacerla espaciosa, protegida, aislada, cómoda, bien equipada, rica en oportunidades para la intimidad, la comunicación, el intercambio y la creatividad personal".[32] SHADRACH WOODS, otro miembro del *Team X*, lo expresaba así: "¿A qué estamos esperando? (...) las armas son cada vez más sofisticadas; las casas son cada vez más toscas. ¿Es este el balance de la civilización más rica desde que el tiempo existe?".[33]

En esos años, el arte sufría también una importante transformación, incorporando la personal interpretación del lector o espectador como una parte más del proceso creativo. Este cambio fue reflejado por UMBERTO ECO en su ensayo *Obra abierta*, en donde también reivindica la relación de disfrute que toda obra de arte provoca en su receptor: "todo goce es así una interpretación y una ejecución, puesto que en todo goce la obra revive en una perspectiva original".[34] Al hablar de Mallarmé y su poética de la sugerencia, Eco afirma que su obra "se plantea intencionadamente abierta a la libre reacción del que va a gozar de ella", de modo que es la propia intención del disfrute activo del lector el que genera la "apertura" de la obra que, de este modo, "en cada goce no resulta nunca igual a sí misma".[35]

Ya en el siglo XXI, los arquitectos franceses LACATON y VASSAL plantean un retorno al "máximo existencial" de LE CORBUSIER, trabajando sobre dos ideas: espacio generoso y placer. Estos arquitectos tratan de romper con el prejuicio de que el tamaño y la calidad de una vivienda sean una consecuencia directa de su precio. Para ellos, en una vivienda, las nociones de valor, precio y placer son independientes y la categoría "casa barata" no tiene ni sentido ni interés ya que, cuando se proyecta una vivienda, existen otros temas más importantes. ANNE LACATON lo expresa así: "Es muy importante trabajar sobre las

---

[32] Kenneth Frampton: *Historia crítica de la arquitectura moderna*. 1983 GG, México. 4ª edición 2009, p. 281.

[33] *Ibid*.

[34] Umberto Eco: *Opera aperta*. 1962. Edición en castellano: *Obra abierta*. Parte primera: La poética de la obra abierta. Planeta. Barcelona, 1992.

[35] *Ibid*.

cuestiones del placer y la calidad de vida, combinar las necesidades con las ideas de placer y bienestar" porque "la arquitectura debería estar hecha con todos los elementos que contribuyen a conferir placer: ver el cielo, dejar que entre el sol, tener una vista (...) No es tan difícil de hacer. El placer en arquitectura es totalmente fundamental y sostenible (...) Proporcionar más espacio, más luz, hacer la vida en la ciudad más agradable es una buena inversión. Olvidarlo es un error".[36]

El joven arquitecto japonés Sou Fujimoto trabaja también con el potencial de disfrute de sus planteamientos arquitectónicos: "Cuando surge algo que podría llegar a ser un 'método arquitectónico', inmediatamente pienso en cómo podría manifestarse de forma que llegara a ser una experiencia corporal estimulante, placentera (...). Me interesa rastrear las posibilidades de disfrute que surgen de la actividad y la interacción entre los seres humanos".[37]

La vivienda de los nuevos hábitos de convivir debería entender el potencial de disfrute y placer que existe en el acto de habitar, planteando esta búsqueda como uno de sus principales anhelos.

CASA OSO

El guepardo es un animal especializado que solo sabe cazar de una forma, siendo más veloz que su presa. Un oso, en cambio, puede correr, nadar, bucear e incluso trepar a los árboles. Caza ciervos utilizando su peso, captura focas bajo el agua, alcanza ratones corriendo tan rápido como ellos y sus zarpas son capaces de atrapar un salmón dentro de un río. Se alimenta de grandes mamíferos, pequeños roedores o peces, pero también de hierba o miel. Puede moverse en muchos medios aunque, posiblemente, en ninguno de ellos sea nunca el mejor.

A partir de esta comparación animal, podríamos considerar entonces que la inmensa mayoría de las casas que ahora habitamos son casas guepardo, mientras que las casas que los nuevos modelos de vivir y habitar reclaman deberían ser, en cambio, casas oso.

[36] Anne Lacaton: "El lujo del vacío". *Arquitectura Viva* número 133, 2010, p. 37.

[37] "Conversación entre Ryue Nishzawa y Sou Fujimoto". Sou Fujimoto. *El Croquis* 151, 2010, p. 6.

LO QUE PERMITE, MÁS QUE EN LO QUE ES

Pero, ¿cuál es el valor de una casa entendida de este modo? Su valor está en lo que permite, más que en lo que es, y lo esencial no es el continente, sino su contenido, la libertad de uso y evolución que sea capaz de proporcionar a sus habitantes.

DESDE SIEMPRE

Este concepto de vivienda así planteado no es una idea nueva, sino que ha sido la solución más habitual en la historia de la humanidad. Recordemos que hasta el siglo XVIII no existían en Europa viviendas con habitaciones preparadas para funciones específicas. Hasta entonces, los diferentes ámbitos de la casa no tenían un uso asignado ni los muebles estaban diseñados para ser colocados en un lugar determinado. Los espacios de las viviendas servían para varias funciones y los muebles constituían el equipo móvil que posibilitaba el cambio de uso.

Si nos trasladamos al siglo pasado, todos los arquitectos que en los años 60 y 70 intentaban crear viviendas adaptables o flexibles estaban fascinados con las arquitecturas primitivas de tierra del norte de África, norte de la India o Nuevo México. Las viviendas tradicionales de estos lugares, construidas en tierra, parten de un muro perimetral, que se mantiene inalterable, dentro del cual se van construyendo las diferentes habitaciones. Estas viviendas, levantadas con materiales presentes en el entorno con una técnica bien conocida por sus habitantes, admiten una constante transformación, renovando los espacios existentes o añadiendo otros nuevos.

Aún hoy, fuera del mundo "desarrollado", una parte importante de la población habita en casas capaces de ser trasladadas o alteradas por los propios habitantes, pudiendo ser adaptadas con facilidad a sus cambiantes circunstancias. Pero también, y dentro del propio mundo "desarrollado", existen gran número de barriadas, sobre todo en el extrarradio de las grandes urbes, formadas por chabolas o barracas construidas por sus ocupantes con los materiales disponibles en el lugar. Estas infraviviendas también admiten ser transformadas a voluntad por sus propios moradores.

Una vivienda capaz de satisfacer las necesidades cambiantes de los nuevos modos de vivir y habitar no necesita de complejos sistemas constructivos, pudiendo ser desarrollada siguiendo muy diversos planteamientos arquitectónicos, con mayor o menor nivel tecnológico.

¿QUÉ ME PERMITE MI CASA?

Para estudiar una vivienda, evaluando si está preparada para acoger los modos de vida existentes y futuros, deberemos colocarnos en el lugar del habitante para, desde ahí, preguntarnos: ¿qué me permite mi casa?

6.

SEGUNDO OBJETIVO DE UNA VIVIENDA: SOPORTE A LA INNOVACIÓN

En el capítulo 4 recordamos cómo en los años 90 se convocaron numerosos concursos de arquitectura destinados a definir la vivienda de los nuevos modos de vida de entonces, anteriores, entre otras cosas, a la irrupción en nuestras vidas de las nuevas tecnologías. Estos concursos tenían como objetivo preferente el primero de los dos apuntados: satisfacción de necesidades, y demandaban la definición de nuevos modelos de vivienda capaces de proporcionar una respuesta eficaz a las nuevas formas de vivir, trabajar y habitar. Sin embargo, pese al tiempo transcurrido desde entonces, pese a que los modos de vida continúan cambiando, puede que a mayor velocidad que nunca, y pese a que la necesidad de acomodar nuestro hábitat a estos cambios es cada vez más urgente, lo cierto es que todos aquellos concursos no consiguieron alterar prácticamente nada nuestro panorama residencial, y casi todas las ideas sobre la casa de los nuevos tiempos surgidas en ellos se quedaron sin desarrollar. ¿Qué podríamos aprender entonces de aquella experiencia frustrada? Que para lograr transformar el modelo de vivienda que nuestra sociedad promueve hay que entrar más en profundidad, alterando las propias dinámicas sociales que mantienen inmovilizado nuestro hábitat, y llegando hasta las creencias que guían la propia sociedad, hasta los valores que rigen los criterios y actos de gobernantes y ciudadanos. La experiencia nos dice que si nos limitamos a proponer respuestas arquitectónicas que satisfagan lo nuevo, el primer objetivo propuesto, nada cambia.

Vamos a adentrarnos ahora en el segundo de los objetivos planteados para toda arquitectura, y toda vivienda, que consiste en ser capaz de alentar la aparición de nuevos valores que ayuden a mejorar el mundo y la sociedad donde vivimos. A este segundo objetivo, sin duda muy ambicioso, lo hemos denominado soporte a la innovación. Este propósito no entra a valorar la capacidad o el poder de la arquitectura para alterar una sociedad, sino que tan solo se refiere a que cada uno de nosotros, tanto en nuestra parcela profesional como en la personal, prioricemos en nuestro comportamiento las decisiones o acciones que contribuyan a un mejor destino común. En el caso de la arquitectura, esta idea implica dejar de hacer una arquitectura al servicio del yo (arquitecto), o del nosotros (arquitectos o arquitectura), y proyectar en cambio pensando en el futuro de todos. Pasar de una arquitectura que responda a otra que proponga, que genere, que aliente, que incite una transformación social, política y económica. Desarrollar una arquitectura abierta a lo nuevo, capaz de sembrar futuro.

Dentro de este objetivo lo esencial no es la elección de los valores a implementar, siempre que estén bien orientados, sino su priorización. A la espera de que cada uno encuentre los suyos, este texto se va a apoyar en los valores propuestos por su autor, que es obvio que obedecen a una determinada visión del ser humano y del mundo en que vivimos, la suya propia. Esta lista de valores susceptibles de orientar a nuestro mundo por un mejor camino no tiene porqué ser compartida por el lector, aunque siempre podría servirle de ayuda o referencia para que elabore la suya propia.

Pasamos a exponer los 6 valores propuestos:

- *Diversidad*: El mundo actual empuja a la uniformidad, tanto de individuos como de pensamientos,[38] pero nuestra principal riqueza como especie está en que cada uno de nosotros somos diferentes, si nos dejan, y la libertad consiste precisamente en eso, en la posibilidad de desarrollar nuestra diferencia, nuestra singularidad. El talento también es muy diverso, ya que las personas tienen aptitudes muy diferentes que, en vez de perderse por una imposición de homogeneidad, la sociedad debería tratar de potenciar y aprovechar.

Crear nuestra propia vivienda supone un verdadero reto, pues en ella materializamos nuestros criterios e individualidad, redefiniendo nuestros hábitos cotidianos y cristalizando nuestra personal manera de habitar y convivir. El hogar propio es un entorno propicio para enfatizar la singularidad de sus habitantes, por lo que una sociedad diversa debería disponer de un hábitat diverso.

- *Creatividad*: No es posible resolver los problemas que tenemos si nos mantenemos en el mismo lugar desde el que fueron creados. Pese a que el planeta y la humanidad están inmersos en una enorme crisis ética, seguimos insistiendo en las mismas ideas que la provocaron y perpetuamos el modelo, incapaces de modificarlo.

---

[38] Para la filósofa francesa Catherine Malabou: "Nacemos únicos, pero sólo somos rentables en serie", porque "aunque cada uno de nosotros tendemos de forma innata a sumar experiencias insólitas para ser cada vez más únicos, para hacernos producir y consumir en cadena, el capitalismo necesita uniformarnos". *La Vanguardia* 19-02-2014.

Continuamos enseñando a los jóvenes lo mismo que hicimos nosotros, aunque no haya funcionado, y les incitamos a asumir los valores establecidos sin estimularles a que desarrollen otros nuevos y generen un sentido crítico propio.

La creatividad es una facultad inherente a la naturaleza humana, uno de cuyos campos naturales de desarrollo es la propia vivienda, siendo una oportunidad para revisar nuestros modos de habitar, nuestras costumbres y nuestras pautas de compartir el espacio doméstico. La vivienda propia nos ayuda a replantear hábitos y creencias, temores y exigencias, al tiempo que se convierte en el escenario en donde se desarrolla una parte importante de nuestra vida social.

- *Utilidad social*: El bienestar común, el justo reparto de recursos y oportunidades y el futuro del planeta deberían ser los fines de toda actividad económica, siendo el dinero, el capital o el beneficio, el medio para lograrlos. Sin embargo, el sistema económico que nos rige vive preso del medio, al que ha transformado en el fin supremo y vara única de medida. Es urgente restituir el bienestar común como objetivo último de toda actividad económica, de tal modo que individuos y empresas no se rijan únicamente por los rendimientos económicos, sino que prioricen en cambio la utilidad social de su labor, su aportación al bien común.[39] Primando estos criterios, tanto individuos como empresas se sentirían parte de un sistema con sentido, de una economía al servicio del ser humano.

Los enormes beneficios económicos obtenidos durante los años de nuestra burbuja inmobiliaria ahuyentaron cualquier otra finalidad en la promoción y construcción de viviendas que no fuera el mero lucro económico. Sin embargo, el acceso a una vivienda digna y adecuada es uno de los derechos fundamentales, debiendo los poderes públicos promover las condiciones necesarias para hacerlo efectivo. Es por tanto imprescindible restituir la utilidad social y la aportación al bien común como sentido prioritario en toda nueva vivienda proyectada.

- *Responsabilidad*: El mundo actual ha convertido al "mercado" en el más importante guardián de lo común, lo que ha provocado que

---

[39] Christian Felber: *La economía del bien común.* (2010) Deusto, Planeta. Barcelona, 2012.

los ciudadanos se des-responsabilicen de las consecuencias de sus propias actividades económicas. Como hemos delegado en el mercado la función de regular, nadie es responsable de nada.[40] Sin embargo, y salvo muy pocas excepciones, el mercado no tiene en consideración el desarrollo sostenible del planeta ni el futuro de las próximas generaciones, sino que tan solo busca el máximo beneficio económico inmediato. La inconsciencia o falta de responsabilidad de los ciudadanos hacia sus actos se ve agravada porque desde hace varias décadas delegaron la toma de decisiones sobre los temas comunes a otras personas, "expertos", para así, liberados de toda responsabilidad más allá de ir a votar cada cuatro años, centrar su atención en su universo íntimo, su nueva preocupación preferente.[41] Pero, la dinámica política y económica actual exige que los ciudadanos vuelvan a ser co-autores del mundo en que viven, tomando de nuevo las riendas de esta "nave espacial Tierra"[42] a la deriva.

Si en nuestra propia vivienda podemos plasmar nuestro criterio personal sobre cómo habitar, deja de ser un lugar creado por otros, en función de criterios ajenos, y se convierte en un espacio propio nacido de nuestras decisiones. Y un hogar definido por sus habitantes en sintonía con sus predisposiciones les responsabiliza, pues hace recaer en ellos, en su propia fuerza, la gestión de su particular manera de vivir y habitar.

[40] Nuestro país es un claro ejemplo: después de la que se ha montado en estas décadas de euforia inmobiliaria y corrupción institucional, nadie, ninguno de los implicados, se siente responsable de nada. Tan solo el mercado lo es.

[41] Para la socióloga Helena Béjar, en los años 70 surge un nuevo individualismo, sobre todo en la vanguardia cultural y profesional occidental, en paralelo al auge del psicoanálisis freudiano y el ocaso de las utopías, que supone una desmedida preocupación por la vida privada y provoca un profundo desinterés por los asuntos públicos. En la década siguiente, este individualismo despreocupado de lo común se extiende al resto de la población. "Autonomía y dependencia: la tensión de la intimidad". *REIS* (Revista Española de Investigaciones Sociológicas) n° 37, 1987.

[42] El visionario arquitecto e inventor Richard Buckminster Fuller (1895-1983) instaba siempre a los jóvenes a analizar nuestro planeta en su conjunto, y ya en sus conferencias de los años 50 les animaba a actuar con integridad como pasajeros conscientes de la "nave espacial Tierra" que cohabitaban. El economista Ernst Friedrich Schumacher (1911-1978) también nombra a nuestro planeta como "nave espacial Tierra" en *Lo pequeño es hermoso. Economía como si la gente importara*. H. Blume ediciones, Madrid, 1978, p. 14.

• *Cooperación*: La competencia es, sin duda, una eficaz manera de estimular el rendimiento de individuos y empresas, pero ocasiona daños extremadamente altos en la sociedad y en las relaciones entre las personas, porque dejamos de tratar a los demás como iguales para hacerlo como meros medios para alcanzar fines propios. Y lo que mantiene unida a una sociedad no es la eficacia, sino la mutua confianza, que se pierde con este modo de relacionarnos. Un planeta común es, todo él, un organismo y, como tal, todas sus partes están ligadas entre sí, cada parte está relacionada con el todo y cada parte es un reflejo de él. Y, dentro de este organismo común, el ser humano es algo mucho más avanzado que un animal que se adapta al medio y lucha contra sus congéneres por la supervivencia. Está dotado de una enorme capacidad artística y creadora, y es capaz de vivir en comunidad sin estar regido por el instinto y el miedo, sin tener que tratar a los demás como enemigos con los que debe luchar. Además de ser seres individuales y libres, también somos comunidad, y el ser humano es capaz de complementar su "natural" egoísmo con la generosidad que requiere la sociedad a la que pertenece, elevándose por encima de su parte animal para desarrollar sus capacidades, no solo por su propio interés egoísta, sino para aportarlas a los demás. Los mejores rendimientos no aparecen por la existencia de un competidor, sino cuando nuestra motivación es interna, cuando nos fascina algo concreto, queremos llevarlo a cabo y nos entregamos a ello. Y el bienestar, o la felicidad, no nacen de la posesión de capital, poder o bienes materiales, sino de esta pasión por lo que hacemos y aportamos a la sociedad. Es imprescindible construir un nuevo marco que respete la dignidad de las personas, que tenga como objetivo principal una cooperación sistemática, también con la naturaleza, y una orientación hacia el bien común. Un marco en donde no actuemos los unos contra los otros, sino juntos.

La primera cooperación, inmediata y natural, debería ser con las personas que viven a nuestro lado, con nuestros vecinos, con los que compartimos, o podríamos hacerlo, muchos espacios y servicios, y a los que parecería natural recurrir para una parte de las actividades y cuidados que la vida nos va demandando. El diseño y calidad de las áreas comunitarias, de los espacios de transición entre lo privado y lo público, y del entorno urbano son esenciales para que surja una sana convivencia con nuestro entorno social. Tan importante como disponer de una vivienda digna y saludable es contar con un convivir digno y saludable, provechoso y enriquecedor.

• *Sostenibilidad*: En 1972, poco antes de la Crisis del Petróleo, el informe del Club de Roma "Los límites del crecimiento"[43] ya advertía que en un planeta de recursos limitados, no puede haber un crecimiento poblacional, económico e industrial ilimitado.[44] El modelo de desarrollo basado en el crecimiento económico continuo no es sostenible en un planeta con unos recursos naturales no renovables y una capacidad del ecosistema para absorber la polución limitada.[45] Cuarenta años más tarde, el sistema que nos rige sigue rindiendo un culto inquebrantable al crecimiento económico, al que ha convertido en objetivo preferente de toda política nacional, al tiempo que en decisiva baza electoral. Sin embargo, algunos organismos internacionales sí entendieron la urgente necesidad de adoptar otros modelos de desarrollo. En 1987 se adoptó el término "desarrollo sostenible" para definir la necesidad de "satisfacer las necesidades de las generaciones presentes sin comprometer las posibilidades de las del futuro para atender sus propias necesidades".[46] Con el tiempo, este término ha ido abarcando más ámbitos, de tal modo que hoy se entiende que son tres los componentes del desarrollo sostenible: el desarrollo económico, el desarrollo social y la protección del medio ambiente, siendo tres pilares interdependientes, que se refuerzan mutuamente. A menudo se considera también un cuarto pilar, la diversidad cultural, entendida como "un

---

[43] El informe "The Limits to Growth" fue encargado por el Club de Roma al MIT (Massachusetts Institute of Technology). Se publicó en 1972, y su autora principal fue Donella Meadows, biofísica y científica ambiental, especializada en dinámica de sistemas.

[44] Thomas Robert Malthus (1766-1834) había anticipado en *An Essay on the Principle of Population* (1798), que la población crecía en progresión geométrica, mientras que los alimentos lo hacían en progresión aritmética, por lo que llegaría un día en que la población sería mayor que los medios de subsistencia.

[45] "La Tierra no es una herencia de nuestros padres, sino un préstamo de nuestros hijos". Proverbio indio.

[46] 1987: "Informe Brundtland: Nuestro Futuro Común", de la Comisión Mundial sobre Medio Ambiente y Desarrollo, creada en la Asamblea General de la ONU de 1983. Surge el concepto de 'desarrollo sostenible'.

medio para lograr un balance más satisfactorio intelectual, afectivo, moral y espiritual".[47]

La construcción y uso residencial demanda cerca de la tercera parte del consumo de materiales y energía en el mundo, por lo que es un campo de atención preferente para la protección del medio ambiente y el cuidado de nuestro planeta. Y el desarrollo social y la diversidad cultural también están muy ligados al modelo de hábitat existente o promovido.

Veamos algunas ideas o imágenes que desarrollan este planteamiento de vivienda como soporte a la innovación.

IMPULSORA DE NUEVOS VALORES

Como ya vimos en el capítulo 4, la arquitectura refleja la sociedad en la que está inmersa, de modo que las viviendas promovidas en los países "desarrollados" serían entonces un claro reflejo de los valores que impregnan sus sociedades: la uniformidad de individuos y pensamientos, la perpetuación de creencias, aunque ya no sean válidas, la priorización del beneficio económico, la inconsciencia sobre las acciones destinadas a lograrlo, la competitividad, el culto al crecimiento económico... Los 6 valores ahora propuestos se oponen a los anteriores: diversidad, creatividad, utilidad social, responsabilidad, cooperación y sostenibilidad.

La pregunta que urge hacerse es: ¿Cómo impulsar estos valores desde la arquitectura? ¿Qué tipo de vivienda podrían alentar su desarrollo y extensión?

ESPACIO DE LIBERTAD_*diversidad*

Una vivienda concebida como un espacio de libertad, en donde sus habitantes pudieran desarrollar su diferencia y singularidad, su diversidad, creando un lugar propio a medida de sus criterios y su sensibilidad. Un ámbito que entregue a sus ocupantes la elección de la manera de completarlo, transformarlo y vivirlo. Un espacio que admita gran

[47] 2001: Declaración Universal sobre la Diversidad Cultural, Unesco.

número de posibilidades de interpretación, permitiendo una multiplicidad de modos de apropiación.

DESPERTADOR DE CREATIVIDAD_*creatividad, responsabilidad*

"Todo niño es un artista. El reto es conservar el artista cuando creces"

Pablo Picasso

Una vivienda que permita a sus habitantes desplegar su propia creatividad en su hábitat, convirtiéndolos en co-creadores y, en consecuencia, responsables del mismo. Porque la creatividad es una facultad que se adquiere y se desarrolla, y que puede enseñarse. Es una capacidad humana universal que supone una forma de relación del ser humano con todo lo que le rodea que permite evitar lo obvio, lo seguro y lo admitido, para, en su lugar, plantear otras preguntas, soñar caminos diferentes o buscar soluciones nuevas y valiosas.

DÁMASO ALONSO, en su ensayo sobre la poesía española del Siglo de Oro, recuerda que las obras literarias no nacieron para ser estudiadas, sino para ser leídas e intuidas: "A ambos lados de la obra literaria hay dos intuiciones, la del autor y la del lector. La obra es registro, misterioso depósito de la primera, y dormido despertador de la segunda. La obra supone esas dos intuiciones, y no es perfecta sin ellas".[48] Para él, "la obra principia solo en el momento en que suscita la intuición del lector",[49] convertido, de esta forma, en "el artista donde se completa la relación poética".[50] El lector es pues entonces un artista que, a partir de la excitación que le provoca la obra de un autor, crea sus propias intuiciones reflejadas.

Una vivienda que considere a sus habitantes como seres creadores y, a partir de ello, les proporcione recursos que les inciten y motiven a emprender procesos y acciones creativas respecto a su propio hábitat.

---

[48] Dámaso Alonso: *Poesía española. Ensayo de métodos y límites estilísticos*. 1950. Edit. Gredos, 2008, p. 35.

[49] *Ibid*.

[50] *Ibid*., p. 185.

Una vivienda concebida como un embrión capaz de desarrollarse por muchos caminos, un espacio lleno de potencialidades, definido solo a medias, a la espera que el usuario lo adapte a sus necesidades. Un mero soporte, creado por el arquitecto-autor con ayuda de los futuros moradores, con el objetivo de convertirse en "despertador" de la creatividad del ocupante. En su interior, el habitante determina la naturaleza conceptual de su hábitat, dentro de los límites admitidos por la arquitectura. Lo hace en la primera ocupación, cuando lo completa, y lo repite cada vez que, a su criterio, lo transforma.

Una vivienda que "principie" cada vez que sus habitantes la completen o modifiquen, y que renazca cada vez que suscite la intuición creativa de sus usuarios y el movimiento creador ideado por ellos se lleve a cabo.

PERTENENCIA_*diversidad, responsabilidad*

Una vivienda capaz de generar un profundo sentimiento de identidad en sus moradores, producto de que habitan un lugar concebido por ellos mismos. Porque si un habitante es capaz de crear su propio hábitat, pasa de una situación que le impone una forma de habitar a otra en la que él crea su realidad de manera consciente. Y al transformarse en creador, o co-creador, se convierte en responsable de su propia creación, aumentando su dignidad como persona y su vínculo con lo creado. Si el habitante de una vivienda la puede utilizar del modo que desee, nace entonces una identificación del morador con su morada, surgiendo una vinculación emocional. La vivienda deja de ser un espacio anónimo para convertirse en un lugar propio al que su habitante "pertenece".

El arquitecto ROBERT KRONENBURG se refiere así al sentimiento de identidad que provoca un edificio transformable a voluntad por el propio usuario: "Los edificios que pueden modificar de manera significativa su forma a lo largo de un periodo de tiempo limitado establecen un sentido de identidad distinto al de los edificios totalmente estáticos, y la gente responde de forma diferente ante un entorno móvil que ante uno estático. Su implicación en el edificio es una interacción en lugar de una simple reacción".[51]

[51] Robert Kronenburg: *Flexible Architecture that responds to change*. 2007. Edición en castellano: *Flexible. Arquitectura que integra el cambio*. Blume, 2007, parte 2: "Transformar".

LABORATORIO DE EXPERIMENTACIÓN _creatividad, diversidad_

Una vivienda concebida como un laboratorio de experimentación donde probar nuevas formas de convivencia y de hábitat acordes con los nuevos modos de vida.

Un entorno creado para derribar convenciones y creencias sobre la vivienda, para despertar conciencias. Un ámbito destinado a desarrollar la capacidad crítica de los ciudadanos, para que, a partir de ello, puedan reaccionar de modo creativo ante los nuevos desafíos.

CONFRONTACIÓN Y DISTANCIAMIENTO_creatividad, diversidad_

En el año 1974, el arquitecto FREI OTTO y su Instituto para Estructuras Ligeras (IL) de la Universidad de Stuttgart convocaron un Coloquio Internacional de Arquitectura Adaptable. Este evento juntó a todos los arquitectos del momento preocupados por el modo de adaptar el medio construido a sus ocupantes. El arquitecto STEFAN MEYER-MIETHKE impartió en él una conferencia sobre las construcciones que hacen los niños en la que consideraba que, para ellos, jugar y construir forman a menudo una unidad. Con las cabañas, tiendas, cuevas y campamentos que construyen, satisfacen sus necesidades creadoras al tiempo que les aporta una zona propia, separada del mundo de los mayores. Pero, además, cuando los niños construyen espontáneamente, utilizan muchas de las características de la construcción "adaptable": emplean los materiales que tienen a mano (ramas, hojas, tablas, madera, nieve...), utilizan una tecnología elemental elegida en función del material utilizado, realizan una construcción propia y personal que responde a sus necesidades del momento y, por lo general, crean sus cabañas y refugios en grupo, como parte de un proceso social. En la parte final de su conferencia, afirmó: "Si se parte de la idea de que los juegos infantiles son una forma humana de aprender a conocer y experimentar con la realidad, deberíamos preguntarnos si el construir no es un campo amplio para la realización de adultos".[52]

[52] Stefan Meyer-Miethke: "La construcción como juego. Observaciones sobre construcciones de los niños". En *IL 14 | Arquitectura Adaptable.* Frei Otto y otros. 1975. Edición española: GG, Barcelona, 1979, p.231.

En el mismo Coloquio, el historiador AUGUST NITSCHKE mencionaba que un niño aprende confrontándose frente a situaciones nuevas, de modo que si planteamos una vivienda como un lugar de aprendizaje de adultos, su diseño debería confrontarlos con su hábitat.

LACATON y VASSAL son una pareja de arquitectos franceses que también entienden que la arquitectura debería remover y estimular a sus habitantes. Para los críticos de arquitectura Ilka y Andreas Ruby, esta pareja de arquitectos utilizan recursos cercanos a la filosofía del "distanciamiento" de la poética teatral de Bertold Brecht, que consiste en "quitarle a la acción o al personaje los aspectos obvios, conocidos, familiares y provocar en torno suyo el asombro y la curiosidad (...) Con ello se gana que el espectador adopte otra actitud en el teatro (...) El teatro ahora le representa el mundo para que se apodere de él".[53] El "distanciamiento" supone una llamada al espectador a no ser pasivo, a trabajar por sí mismo y hacerse responsable de lo que ve. El teatro de Brecht no elabora soluciones, sino que intenta que el propio espectador saque por sí mismo las conclusiones críticas de lo que ha visto, convirtiéndose en co-autor de la obra.

De forma paralela, Lacaton y Vassal construyen en sus proyectos espacios no previstos por los futuros habitantes. Se valen para ello de sistemas constructivos ajenos a los habituales, como los invernaderos agrícolas y, "mediante el cruce de una tipología con un sistema constructivo ajeno a ella, los arquitectos confieren a sus edificios un carácter tan distinto del habitual que condiciona la conducta de sus usuarios, pues no deja cabida a la indiferencia. Lacaton y Vassal socavan la naturalidad aparente del código de comportamiento inherente a un uso específico e incitan a contravenir creativamente las convenciones. Un edificio de viviendas que se presenta como un invernadero hace que resulten banales los hábitos residenciales comunes (entre otras cosas porque no pueden llevarse a la práctica sin más) y estimula a los usuarios a tomar conciencia de sus preferencias y a dar forma a su modelo personal de vida".[54] Las viviendas

[53] Ilka y Andreas Ruby: "Espacio extra, extra grande. Sobre la obra reciente de Lacaton & Vassal". En *Lacaton & Vassal*, 2GLibros, GG, 2006, p. 10.
[54] *Ibid.*

de Lacaton y Vassal, como el teatro de Brecht, no proporcionan soluciones, sino que empujan a los habitantes a desarrollar sus propias ideas y hacerse responsables de ellas.

Para confrontar al habitante de una vivienda, más que proporcionarle respuestas hay en cambio que plantearle nuevas preguntas. ENRIC MIRALLES, por ejemplo, incitaba a afrontar cada proyecto de arquitectura preguntándole cosas en vez de tratando de encontrar respuestas. Otro arquitecto que trabaja también desde el constante cuestionamiento es el chileno ALEJANDRO ARAVENA: "parte de lo que nosotros tratamos de hacer es ponerle mucho cuidado y rigor a la formulación de la pregunta".[55]

Pero a menudo para alcanzar nuevas respuestas es imprescindible desandar caminos y desaprender. El arquitecto japonés SOU FUJIMOTO lo expresa así: "siento que nuestras convenciones pueden borrarse y que es posible interactuar con los espacios y las circunstancias como lo haría un niño".[56] Sou Fujimoto afirma en sus textos que sus proyectos de vivienda tratan de generar nuevos entornos arquitectónicos que estimulen y motiven a sus usuarios a reflexionar y poner en entredicho las convenciones sociales sobre lo que es una casa. Este arquitecto se cuestiona en muchos de sus proyectos la secuencia tradicional por la que los diferentes espacios arquitectónicos nacen a partir de unas funciones, un programa, previamente definido. Para Sou Fujimoto, algunos lugares son capaces por sí mismos de generar nuevas funciones en sus habitantes. Para ilustrar esta idea utiliza dos imágenes: el nido y la cueva. Un nido es un espacio generado para albergar unas funciones determinadas, un "lugar funcional". En cambio, una cueva existe previamente como un fenómeno natural, con independencia de las necesidades o conveniencia de los que la habitan. La cueva es un lugar al margen del programa de sus habitantes. "En vez de tratarse sólo de un funcionalismo autoritario, en la cueva estamos ante un lugar que puede estimular y facilitar distintas actividades. Los seres humanos pueden descubrir así nuevos usos cotidianos" porque "precisamente

[55] Alejandro Aravena: "Los pies en el suelo". *Arquitectura Viva* 133, 2010, p. 30.

[56] "Conversación entre Ryue Nishzawa y Sou Fujimoto". *El Croquis* 151, 2010, p. 8.

por tratarse de algo distinto, la cueva está llena de posibilidades de descubrimientos fortuitos".[57]

Una vivienda que trate de desestabilizar las convenciones sobre la casa a partir de la formulación de nuevas preguntas, susceptibles de provocar respuestas innovadoras. Un hábitat concebido como una cueva, con espacios indeterminados y no condicionantes que deban ser completados y manipulados por sus propios habitantes.

SENTIDO COMUNITARIO_*cooperación*

Una vivienda que trate de estimular el sentido comunitario de sus ocupantes, favoreciendo el contacto y la agrupación entre vecinos, y generando procesos colectivos que amplíen el sentido social del entorno.

DESARROLLO SOSTENIBLE_*sostenibilidad*

Una vivienda que persiga un modelo de desarrollo sostenible, respetuoso con el medio ambiente, los recursos naturales, las energías locales y renovables y, en general, con el futuro del planeta y el de las generaciones venideras.

LO QUE PROMUEVE, MÁS QUE EN LO QUE ES

Pero, ¿cuál es el valor de una casa entendida de esta forma? Su valor está en lo que promueve, más que en lo que es.

Para estudiar una vivienda desde esta perspectiva deberemos reflexionar sobre el tipo de mundo y sociedad que esa casa fomenta.

[57] Sou Fujimoto: "¿Nido o cueva?". *El Croquis* 151, 2010. Futuro Primitivo, 2008-2010, p. 198.

7.

CASA ABIERTA

En este capítulo vamos a sintetizar los dos objetivos a cumplir por toda nueva construcción residencial desarrollados en el capítulo anterior para, a partir de ello, proponer un concepto de vivienda que hemos denominado como "casa abierta".

SATISFACCIÓN DE NECESIDADES

Primero hemos planteado la necesidad de construir viviendas capaces de dar una respuesta eficaz a los nuevos modos de vida, casas concebidas como destino de lo existente, que den satisfacción a las necesidades reales de sus habitantes, que son, ante todo y cada día más, variables e imprevisibles.

¿Cómo serían esas viviendas? Un entorno que concediera a sus usuarios la posibilidad de una utilización diversa y cambiante. Un espacio que sus habitantes deban completar, conceptualmente, y que, siempre que quieran y de forma sencilla, puedan transformar de acuerdo a sus ideas o necesidades. Una arquitectura siempre dispuesta a mutar. Un ámbito flexible que sea capaz de responder, casi inmediatamente, a las demandas de sus habitantes.

Y, ¿cuál es el valor de una vivienda entendida de este modo? Su valor está en lo que permite, más que en lo que es. Lo importante para ella es la libertad de uso y evolución que sea capaz de proporcionar a sus habitantes.

SOPORTE A LA INNOVACIÓN

A continuación hemos expuesto la urgencia de construir viviendas que inciten el desarrollo de nuevos valores que contribuyan a mejorar el mundo y la sociedad en donde vivimos.

¿Cómo sería una vivienda que impulsara estos valores? Un lugar que incitara a sus habitantes a desarrollar su *creatividad* en su propio hábitat, convirtiéndolos en co-creadores y, en consecuencia, *responsables* del mismo. Un espacio de *libertad*, donde sus ocupantes pudieran desarrollar su diferencia, singularidad y diversidad, creando un hábitat que responda a sus criterios y su sensibilidad. Un ámbito concebido como un lugar de experimentación donde replantear las convenciones sobre la casa, probando nuevas formas de convivencia y hábitat acordes con los nuevos modos de vida. Un entorno que estimule el *sentido comunitario* de sus ocupantes, favoreciendo el contacto y la agrupación entre vecinos, y generando procesos colectivos que amplíen el sentido social del entorno. Y, como no, una construcción sostenible, respetuosa con el medio ambiente, los recursos del planeta y el futuro de las generaciones venideras.

Y, de nuevo, ¿cuál es el valor de una vivienda entendida de este modo? Su valor está en lo que promueve, más que en lo que es.

CASA ABIERTA

En la Introducción mencionamos que este libro nace de una larga investigación que analizaba más de 200 viviendas modernas "abiertas" a la intervención de sus usuarios. El principal descubrimiento de esa investigación fue comprobar que los dos objetivos planteados para toda nueva vivienda, satisfacción de necesidades y soporte a la innovación, cuentan con un importante espacio común. Y en este amplio territorio compartido es donde se ubica el concepto de vivienda que esa investigación, y este libro, proponen: la "casa abierta".

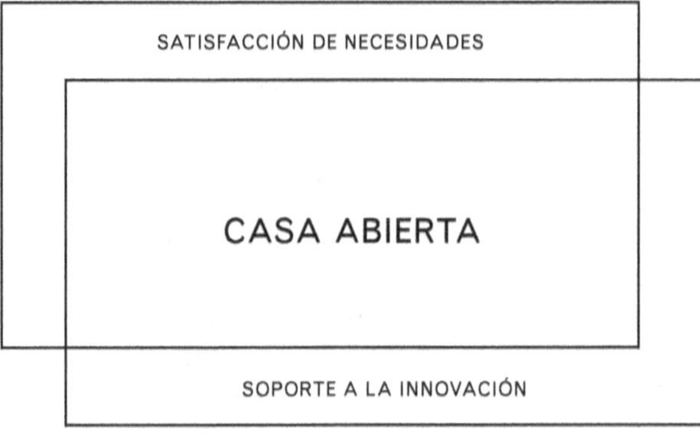

De este modo, una casa abierta es una vivienda capaz de dar satisfacción a las necesidades demandadas y convertirse, al tiempo, en soporte a la innovación. Una vivienda concebida como destino de lo existente pero, también, como origen de algo nuevo que permita avanzar sobre lo existente. Un entorno que, al tiempo que cumple con lo actual, da paso a lo nuevo.

El nombre de "casa abierta" tiene evidentes referencias en el *Open Form* de Oskar Hansen, el *Open Building* de John Habraken, y la *Opera aperta* de Umberto Eco. Pero también muestra por sí mismo su sentido, ya que se refiere a una vivienda abierta a ser vivida tal y como sus ocupantes deseen y necesiten, abierta a acoger los nuevos modos de vida actuales y futuros, y que se mantiene siempre abierta a evolucionar junto a la sociedad en donde nace. Y un hábitat así solo puede ser concebido por mentes abiertas, a lo nuevo, al futuro.

El concepto de casa abierta es, en principio, como la *Opera aperta* de Eco, "un modelo absolutamente teórico e independiente de la existencia factual de obras definibles como 'abiertas'."[58] Pese a ello, el capítulo 9 dotará a la casa abierta de unas herramientas de análisis que ayudarán a evaluar el grado de apertura de una vivienda cualquiera.

La casa abierta no es una idea nueva. Es un planteamiento de hábitat similar al que ha cobijado al hombre en la casi totalidad de su historia y, aún hoy, está muy próximo a la arquitectura autoconstruida que puebla una parte importante de nuestro planeta. Y, dentro de la arquitectura hecha por arquitectos, este concepto de casa abierta resulta muy cercano a los planteamientos en torno a la vivienda de los arquitectos de la tercera generación del Movimiento Moderno. Veamos algún ejemplo:

YONA FRIEDMAN ya defendía en el año 1958 la participación del usuario en la concepción de su hábitat. En 1960 creó el grupo *GEAM* (*Groupe d'Étude d'Architecture Mobile*) que propuso, entre otras cosas, el desarrollo de construcciones variables e intercambiables en su empleo, que sus habitantes pudieran adaptar "personalmente" a las necesidades del momento. El *GEAM* también consideraba urgente una reforma del modelo de propiedad, para facilitar el intercambio de viviendas.[59]

[58] Umberto Eco: Introducción a la segunda edición de *Opera aperta* (1962), en 1967. Edición en castellano: *Obra abierta*. Planeta. Barcelona. 1992.

[59] 1960 GEAM: "Programa para una arquitectura móvil". En Ulrico Conrads: *Programas y manifiestos de la arquitectura del S XX*. 1964. Editorial Lumen, 1973.

JOHN HABRAKEN compartía con Friedman la percepción de que el elemento que faltaba en el proceso de diseño de las viviendas era el habitante, que no tenía papel alguno en la toma de decisiones. Habraken pensaba que la construcción del hábitat era una parte fundamental de la naturaleza humana, y creía importante que las viviendas pudieran ser adaptadas, en el transcurso del tiempo, tanto a las necesidades cambiantes como a los deseos de los usuarios.[60]

Las ideas de estos arquitectos fueron desarrolladas por *Archigram* y los Metabolistas japoneses. Ambos grupos propusieron la construcción de megasistemas altamente tecnológicos, creados mediante cápsulas intercambiables adosadas a enormes infraestructuras. El objetivo era dotar al hombre del más amplio grado de libertad dentro de su entorno, y para ello trabajaron, sobre todo, con los conceptos de cambio, renovación y crecimiento. Para el "metabolista" KIYONORI KIKUTAKE, la arquitectura debía estar concebida en términos de espacio y función variable para, de este modo, poder responder a las exigencias cambiantes del mundo contemporáneo.[61] Las propuestas de CEDRIC PRICE, muy cercano *Archigram*, tenían siempre en cuenta la posibilidad de que el uso de la arquitectura pudiera cambiar drásticamente con el tiempo. En 1966 planteó la construcción de un campus universitario cuyas viviendas fueran módulos móviles. Aunque el proyecto proponía una situación inicial, estaba abierto a una recolocación, en todo momento, de los módulos.

Los miembros del grupo *Team X* también anhelaban una arquitectura que admitiera la intervención de sus moradores. ALDO VAN EYCK, por ejemplo, defendía una arquitectura de la vivienda concebida por y para sus habitantes, sin distinción entre creador y usuario, en la cual el arquitecto crearía un lugar lleno de posibilidades, una casa inacabada, que los usuarios continuarían construyendo y transformando. Otro miembro del *Team X*, JAAP BAKEMA, también consideraba que la manipulación del hábitat por su usuario era fundamental para conseguir la necesaria identificación y responsabilidad del habitante con su casa. Bakema reivindicaba una arquitectura flexible, capaz de transformarse,

---

[60] N. J. Habraken *et al.*: *Variations. The Systematic Design of Supports*. 1974. Edición en español: *El diseño de soportes*. GG, 1979, p. 10.

[61] John Donat (editor): *World Architecture 2*, Londres, 1965, p. 13. Citado en JR Curtis: *La Arquitectura Moderna desde 1900*. Hermann Blume, 1986, p. 341.

ampliarse o subdividirse según los cambios en la vida de sus usuarios. Para lograr este objetivo, dotaba a sus viviendas de elementos constructivos variables que permitieran y fomentaran las iniciativas individuales de sus usuarios.[62] HERMAN HERTZBERGER, por su parte, creía que un arquitecto no debía proyectar una arquitectura acabada sino un "marco" capaz de ser completado por sus ocupantes.[63]

LUCIEN KROLL y RALPH ERSKINE defendían que la arquitectura podía nacer de un trabajo colectivo con los futuros habitantes. Lucien Kroll desarrolló tabiques móviles e intercambiables, destinados a incentivar a los usuarios a que adaptasen sus viviendas a su gusto, dando rienda suelta a su propia improvisación y espontaneidad, e integrando las ventajas de la construcción manual: prontitud de respuesta y aprendizaje desde la experiencia.

Los arquitectos del *Centro Pompidou*, paradigma de la época de un edificio flexible de alta tecnología, también estuvieron muy cercanos al concepto de casa abierta aquí planteado. En 1958, RICHARD ROGERS, en colaboración con otros arquitectos, propuso una vivienda del futuro, denominada *Zip-Up*. Esta vivienda incorporaba unas particiones desplazables y un mobiliario móvil, tratando de que fueran los propios habitantes los que diseñaran y montaran todo su interior, pudiendo también, en cualquier momento, transformarlo de nuevo, recolocando las piezas. Con el *Centro Pompidou* recién finalizado, RENZO PIANO planteó una vivienda manipulable por sus ocupantes, concebida como un organismo vivo: incompleto y modificable.[64] Piano entendía necesario crear un nuevo modelo de vivienda, industrializada y evolutiva, en donde la industria se encargara de producir la concha o cáscara, con un acabado industrial, y los propios habitantes completaran el interior, acomodándolo a sus necesidades y su gusto personal. Para lograr este propósito, Piano defendía el desarrollo de una tecnología ligera capaz de ser manejada por los propios usuarios.

---

[62] Jürgen Joedicke: *Architektur und Städtebau: das Werk Van den Broek und Bakema*. Stuttgart. Karl Krämer 1963. Edición en español: *La comunidad de arquitectos Van der Broek | Bakema*. GG, Barcelona, 1978, p. 9.

[63] Web de Herman Hertzberger: Architectuur studio, www.ahh.nl. *Experimental housing Diagoon* (1967-70).

[64] *Renzo Piano*. logbook. Thames and Hudson, 1997, p. 54.

8.

EL ARQUITECTO
DE LA CASA ABIERTA

UN NUEVO LUGAR

Tal y como adelantamos en la Introducción, uno de los propósitos de este texto es llegar a apuntar un nuevo lugar donde la arquitectura pueda situarse, un emplazamiento desde donde pueda acomodarse a los tiempos actuales y afrontar los futuros. Esta búsqueda nace de un axioma de Albert Einstein: "No se pueden resolver los problemas que tenemos si insistimos en situarnos en el mismo lugar desde el que se crearon". No tiene ningún sentido seguir haciendo lo mismo y pretender obtener un resultado distinto. Para variar el punto de salida hay que modificar el punto de entrada, superando, o dejando de lado, las inercias previas y los prejuicios. Necesitamos, en definitiva, situarnos en un nuevo lugar.

En el capítulo 4, al hablar de la burbuja, mencionamos el modo en que eran educados los arquitectos hace 30 años. La educación de entonces situaba como objetivos prioritarios primero la propia arquitectura, y luego, muy cerca, el interés profesional del arquitecto que la proyectaba, dejando muy por detrás, y sin casi atención, su motivación social, su aportación al progreso de la sociedad en donde esa arquitectura debía insertarse. Pero los tiempos cambian y con ellos también debería hacerlo la enseñanza de la arquitectura, tratando de encontrar una nueva posición, definiendo una nueva actitud del arquitecto frente a clientes y sociedad. Si nos centramos en la arquitectura de la vivienda, desde el lugar que ocupábamos, y pese a todos aquellos concursos destinados a definir la vivienda de los nuevos tiempos de los años 90, lo cierto es que no hemos conseguido cambiar nada, y la inmensa mayoría de las más de 5 millones de viviendas proyectadas desde entonces han seguido siendo fieles a los esquemas habitacionales previos a ellos, esquemas que daban respuesta a la forma de vivir y habitar de los abuelos de los jóvenes que se supone que iban a acceder a ellas.

Vamos a apuntar ahora, apoyándonos, como en los capítulos anteriores, en ideas e imágenes, un nuevo lugar, una nueva manera de hacer las cosas para nuestra profesión:

NUEVA ACTITUD

En todo arquitecto coexisten numerosas actitudes frente a su labor profesional. Todos tenemos algo del arquitecto reformador: "*yo tengo la solución*", del arquitecto cumplidor: "*respondo a lo que me piden*", del oportunista: "*esto es lo que hay*", del creador: "*soy un artista*", del juguetón: "*quiero divertirme*" o del arquitecto gremial: "*no nos entienden*". Sin duda existen muchas más, pero sirvan estas seis como ejemplo. Cada arquitecto se deja arrastrar por unas más que por otras, pero todas están, más o menos desarrolladas, más o menos presentes, en todos.

¿Para qué se esfuerzan estas diferentes actitudes? El arquitecto reformador lucha para que el mundo sea tal y como él cree que debería ser. El arquitecto cumplidor intenta dar una respuesta adecuada a lo que le piden. El oportunista trata de obtener el máximo provecho de lo que hay, sin plantearse cambiarlo. El arquitecto artista se esfuerza para que el mundo reconozca y valore al creador que lleva dentro. El juguetón quiere diversión y novedad, y el arquitecto gremial aspira a que la sociedad entienda la labor de los arquitectos y, como consecuencia, la suya propia.

El concepto de "casa abierta" aquí planteado pretende desarrollar otras dos actitudes ya existentes en todo arquitecto, pero que este mundo de "casas cerradas" las mantiene escondidas o atrofiadas. Una es la del arquitecto activador: "*te acompaño pero tú decides*" y la otra es la del arquitecto explorador: "*otro mundo es posible*".

El *arquitecto activador* desea activar procesos. Considera que la buena educación consiste en ayudar al otro a que, por sí mismo, descubra su propio camino y conoce el correcto sentido de la palabra "enseñar", señalar direcciones, sin tratar de conducir. Por eso en sus proyectos trata de crear espacios que inciten a sus habitantes a descubrir sus propios valores, para que puedan crecer a partir de ellos, a su manera. Este arquitecto intenta generar lugares en los que estos valores puedan activarse y desarrollarse.

El *arquitecto explorador* plantea su labor, ante todo, como una actitud personal que da sentido a su esfuerzo. Una simple casa contribuye muy poco a mejorar el mundo que tenemos, pero el arquitecto explorador considera que la suma de muchas actitudes personales, y de muchas pequeñas labores, es el único camino posible para avanzar hacia otro mundo mejor ¿Cuál? El que, entre todos, exploremos. El que, entre todos, logremos crear.

La casa abierta pretende alentar a los arquitectos a potenciar estas dos actitudes dormidas.

"COMO SI LA GENTE IMPORTARA"

Como ya comentamos en la Introducción, el título de este texto hace referencia al libro *Lo pequeño es hermoso. Economía como si la gente importara*, escrito en 1973 por Ernst Friedrich Schumacher (1911-1978). En este libro su autor propone un sistema económico donde las personas estén en primer lugar, por delante de las mercancías, y donde la actividad creativa sea más importante que el rendimiento económico o el consumo, todo ello dentro de una sociedad concebida a la medida del hombre.

El arquitecto de la casa abierta proyecta sus viviendas "como si la gente importara" y trata por ello de crear una arquitectura que se adapte a sus usuarios, en vez de una arquitectura que les obligue a adaptarse a ella, concibiendo viviendas a la medida de sus habitantes.

Muchos arquitectos afirman que es necesario "educar a la sociedad", pero, ¿de qué modo? Algunos padres educan a sus hijos intentando que sean de una forma determinada, como tiene que ser, como siempre ha sido, como a ellos les hubiera gustado haber sido, o como sea que consideren que es la forma correcta de vivir. Otros padres, en cambio, se limitan a transmitir a sus hijos unos valores y tratan de dotarles de las herramientas adecuadas para que ellos mismos encuentren su propio camino. Estas herramientas pueden ser, por ejemplo, sensibilidad ante sus propias emociones, capacidad de reflexión y análisis, empatía, predisposición al disfrute, tendencia a encontrar el lado positivo de las cosas o fortaleza para afrontar las dificultades. Estos padres dejan que sus hijos busquen, investiguen, encuentren y aprendan por sí mismos, apoyándose en los valores y las herramientas que les han transmitido.

Si llevamos estas dos formas extremas de educar a la concepción de una vivienda, en la primera los padres construirían la casa al hijo, tal y como tiene que ser, y le mostrarían cómo se debe vivir en ella. En cambio, en la segunda, los padres tan solo acompañarían a su hijo en la búsqueda de su propia manera de habitar. Podrían sugerirle ideas o mostrarle ejemplos, pero dejarían que el hijo sea el creador y responsable de su propio hábitat. Cuando algunos arquitectos se refieren a que deberíamos educar a la sociedad, ¿de cuál de estas dos maneras quieren educarla?

La palabra educar viene del latín *"educare"*, conducir afuera lo de dentro, por lo que no consiste tanto en introducir conocimientos en una persona como en permitir que salgan y se desarrollen los valores, aptitudes y talentos que ya están latentes en su interior. En educación se habla del *"efecto Pigmalión"*, cuyo origen está en un mito griego que describe cómo un escultor, Pigmalión, se enamoró de una de sus obras, Galatea. El amor de Pigmalión por Galatea era tan grande que la trataba como si estuviera viva. Una noche, Afrodita, al ver el profundo afecto que el escultor sentía por su estatua, la dota de vida. El efecto Pigmalión supone que las expectativas o sesgos de un investigador influyen en el comportamiento de los sujetos estudiados, con independencia del contexto o ámbito en que la investigación se lleve a cabo. El efecto Pigmalión, referido a la educación, fue estudiado por Robert Rosenthal y Lenore Jacobson en su libro de 1968 *Pygmalion in the Classroom*, desde la perspectiva de la *profecía autorrealizada*. El efecto Pigmalión consiste en la influencia positiva que ejercen las expectativas del maestro sobre el aprendizaje del alumno, y puede quedar resumido en la siguiente afirmación de Goethe: Trata a un hombre tal como es, y seguirá siendo lo que es; trátalo como puede ser, y se convertirá en lo que puede ser.

¿Por qué no nos limitamos a incorporar sabias herramientas en las casas que proyectamos, dejando que cada cual cree su propio hábitat, buscando, investigando, encontrando y aprendiendo por sí mismo?

BELLEZA EN LO NECESARIO

El descalabro financiero global del año 2008 acabó con la "arquitectura del espectáculo", llamada también "arquitectura icónica". La actual crisis económica nos ofrece la oportunidad de recobrar la contención perdida, en la vida, en la sociedad y también en la arquitectura.

Una prueba del nuevo enfoque surgido desde entonces es el tema de la exposición organizada por el MOMA de Nueva York en 2010: "Pequeña escala, gran cambio". En esta exposición coincidieron, entre otros arquitectos, Diébédo Francis Kéré, de Burkina Faso, y Alejandro Aravena, de Chile. Ambos compartían planteamientos cercanos respecto a la belleza de lo necesario. Para los dos, la belleza de sus edificios no es un objetivo en sí mismo, sino que viene pareja al acto de resolver, de forma satisfactoria, una necesidad.

Esta actitud de "belleza en lo necesario" se opone a la postura arquitectónica de una búsqueda de la belleza como fin arquitectónico en sí mismo, situándose en el extremo opuesto de la "arquitectura del espectáculo".

DESAPRENDER PARA PARTICIPAR

Para poder adaptarnos a los nuevos tiempos, los arquitectos que hemos sido educados para servirnos de la arquitectura como un medio de expresión de nuestro artista interior, o para aprovechar las necesidades de la sociedad para lograr el progreso de la arquitectura, deberíamos empezar por desaprender muchos de los prejuicios y creencias que recibimos entonces. Porque para poder aprender lo nuevo, antes debemos desprendernos de lo que ya no funciona, tal y como señala la leyenda Zen mencionada en el capítulo 5: "solo podrás aprender algo si previamente vacías tu taza".

En los años 80, un arquitecto era educado para servir, sobre todo, a la arquitectura y la formación de un arquitecto reflejaba esa noción de "personalidad proteica" que la socióloga Helena Béjar reconoció en la vanguardia cultural y profesional de esos años: "El individuo se cree un conjunto de posibilidades que esperan ser descubiertas".[65] Cada joven arquitecto era un artista que la sociedad debía descubrir. Por ello, cuando recibía un encargo, producto de una determinada necesidad de la sociedad, empezaba por colocarlo, tal y como había aprendido, al servicio de la arquitectura, y de sí mismo. Cada encargo era una oportunidad de mostrar al mundo la dimensión de gran arquitecto, o de gran artista, que el joven llevaba consigo. Pero, como quien da "valor" a todo nuevo arquitecto no es la sociedad, que "no sabe" de arquitectura, sino los demás arquitectos, todo joven arquitecto en

[65] Helena Béjar: "Autonomía y dependencia: la tensión de la intimidad". *REIS* (Revista Española de Investigaciones Sociológicas) n° 37, 1987, p. 77.

busca de reconocimiento tendía a alejarse de la sociedad y centrar su atención en el "cerrado" mundo de los arquitectos. Se rodeaba sólo de arquitectos, se nutría de ellos y miraba a esa sociedad "inculta" que le impedía desarrollar su talento desde lejos, bien arriba, desde una posición de arquitecto incomprendido que justifica su conducta sobre la idea de que la gente no entiende de arquitectura.

Los nuevos tiempos demandan un arquitecto que abandone esta actitud elitista y baje a la tierra. Que sea parte de la sociedad, que pertenezca, que se nutra de su contacto, y que participe de lo que en ella suceda, codo a codo con el resto de disciplinas y ciudadanos. El objetivo del "nuevo" arquitecto ya no es ser "descubierto", o ser "reconocido" por los demás arquitectos, sino contribuir, mano a mano con el resto de la sociedad, a mejorar los procesos en marcha o activar otros nuevos.

Arturo Franco escribía desde los editoriales de la revista Arquitectura del COAM sobre una "arquitectura sin arquitecto, no referida a la vernácula, sino a la inducida por un arquitecto que da un paso hacia atrás a favor de la obra, al margen del ego, del protagonismo", y de una arquitectura "que es capaz de asimilar influencias y valores del entorno frente a la [arquitectura] que se posiciona ante él".[66]

La casa abierta requiere que el arquitecto dé un paso atrás y empiece a creer en los habitantes que la habitan, al tiempo que también trata de incitar al habitante a dar un paso adelante, volviendo a ser creador y responsable de su forma de vivir. El arquitecto que proyecta una casa abierta se relaciona con sus futuros habitantes "como si la gente importara", y por ello les ofrece la capacidad de inventar ellos mismos su propio hábitat. Para ello, intenta asimilar sus valores en vez de posicionarse frente a ellos, entregándoles la indeterminación de su nuevo hogar y creando una arquitectura que les confronte con su hábitat, buscando con ello estimular su creatividad y desarrollar su talento. La casa abierta está el servicio de su habitante, confía en él, cree en él y por eso le permite determinar y experimentar por sí mismo su propia forma de habitar.

[66] Arturo Franco: Editorial. *Arquitectura*. Revista del Colegio Oficial de Arquitectos de Madrid, 359, 1T, 2010.

RYSZARD KAPUŚCIŃSKI, al hablar de su oficio de reportero, afirmaba que escribir es arriesgase, y que no importaba tanto el hecho de que sus artículos se publicaran, sino las consecuencias que su lectura provocara: "Cuando uno opta por describir la realidad, su escritura influye sobre esta realidad".[67] Trasladando esta idea a los arquitectos, podríamos decir entonces que lo esencial de la arquitectura no es ella misma, sino las consecuencias que genera. Y, también, que cuando uno opta por diseñar para la realidad, y sólo entonces, la arquitectura es capaz de influir en ella.

El arquitecto ROBERT KRONENBURG defiende una arquitectura adaptable que permita a la gente utilizar sus casas de la manera que quieran, alterando su hábitat según sus propias necesidades. Para él un edificio flexible es un entorno lleno de posibilidades y retos que fomenta la acción y el proceso de vivir.[68]

El arquitecto de una casa abierta abandona todo tono paternalista en la relación con sus clientes, esa actitud de "yo ya sé lo que tú necesitas", deja de pensar en la arquitectura que le haga destacar entre sus colegas, aparca su ego, y empieza a entender la vivienda como un lugar cuyo principal objetivo sea facilitar el crecimiento personal y social de sus ocupantes y, como consecuencia, el progreso de la sociedad.

En una casa abierta el habitante manda, liberado de habitar una vivienda que le determina.

[67] Ryszard Kapuściński: *El mundo de hoy*. Anagrama, 2004, p. 25.

[68] Robert Kronenburg: *Flexible Architecture that responds to change*. 2007 Edición en castellano: *Flexible. Arquitectura que integra el cambio*. Blume, 2007, Parte 1: Arquitectura flexible.

9.

ATRIBUTOS
DE LA CASA ABIERTA

Aunque la "casa abierta" es en origen un modelo esencialmente teórico, en este capítulo lo vamos a dotar de ciertas herramientas de análisis que pueden ayudar a evaluar el grado de "apertura" de una vivienda cualquiera.

Si estuviéramos elaborando un estudio meteorológico de una determinada región, sería conveniente medir la temperatura, la humedad, la presión del aire, la velocidad del viento o las precipitaciones. Pero si nuestro interés está en medir la apertura de una casa, o analizar la historia de la arquitectura en relación al concepto de casa abierta aquí planteado, ¿qué variables podríamos evaluar? ¿Qué cualidades podríamos atribuir a una casa abierta?

En este trabajo no nos vamos a referir a cualidades, sino a atributos. Esto es debido a que una cualidad de un objeto puede ser meramente circunstancial (el color de la piel que se vuelve pálido tras un susto), mientras que un atributo indica una propiedad inherente al objeto, que no cambia mientras no lo haga su esencia, o su carácter.

Se definen diez atributos de la casa abierta, agrupados en tres grupos de tres, más uno. Estos atributos no son excluyentes, por lo que pueden ser sumados y añadidos, de forma similar a cuando decimos que una persona es lista, simpática y bella, que lo es a la vez. Todos ellos están planteados desde la posición del habitante, que es el lugar en donde se sitúa preferentemente esta investigación, evaluando los diferentes grados de intervención que la casa que habita, o se dispone a habitar, le otorga.

El primer trío de atributos muestra que la vivienda permite desarrollar una "habitación" variable. Supone para el habitante la posibilidad de efectuar cambios, casi instantáneos, en la organización interior de su vivienda, su relación con el entorno, o su tamaño.

- La *versatilidad* permite realizar, al momento, variaciones en el interior de una casa.

- La *permeabilidad* supone la capacidad de modificar la relación del espacio interior respecto al medio exterior.

- La *elasticidad* implica la posibilidad de variar la dimensión del espacio habitable.

De una casa que cumpla alguno de estos tres atributos de habitación diremos que es *versátil*, *permeable* o *elástica*, y la vivienda estará entonces *abierta al cambio*.

El segundo trío de atributos se refiere a modificaciones a medio plazo, realizadas en una vivienda, que tienen que ver con su adaptación a los cambios en la vida de sus habitantes, o con la posibilidad de una mejora en su tamaño o calidad. Son atributos de progreso, de evolución.

- La *adaptabilidad* indica que una vivienda se encuentra capacitada para acoger, sin grandes obras, diferentes modos de vida y planteamientos de convivencia.

- La *progresividad* supone la posibilidad de mejorar la calidad o la amplitud de una vivienda, a medio o largo plazo.

- La *movilidad* permite modificar la ubicación de la construcción.

Si una casa cumple con alguno de estos tres atributos de progreso diremos que es *adaptable*, *progresiva* o *móvil*, y que la vivienda está *abierta a la evolución*.

Los tres atributos siguientes están relacionados con la propia concepción de la casa:

- La *sociabilidad* se refiere a la existencia de un compromiso colectivo con los habitantes de las viviendas cercanas.

- La *indeterminación* supone una intencionada falta de definición en los usos asociados a los diferentes espacios interiores.

- La *disgregación* aparece cuando la vivienda se limita a dar respuesta a una parte de las funciones que tradicionalmente satisface una casa.

Si una vivienda incorpora alguno de estos tres atributos de concepción diremos que es *sociable*, *indeterminada* o *disgregada*, y que está *abierta a lo nuevo*.

El último atributo amplía la escala de responsabilidad, tanto en la vivienda como en sus habitantes, siendo un atributo de respeto hacia el gran hogar que es nuestro planeta y la gran comunidad formada por toda la humanidad:

- La *sostenibilidad* supone que una vivienda esté concebida con extrema atención y consideración hacia el medio ambiente, las circunstancias ecológicas, sociales y económicas del entorno y el futuro de las generaciones venideras.

Si una casa obedece a este atributo de respeto hablaremos de ella como una vivienda *sostenible*, que está *abierta al futuro*.

Algunos de estos atributos han formado parte, durante muchos siglos, de las viviendas occidentales. Otros son normales en viviendas de otras culturas o en la llamada "arquitectura sin arquitectos".

A continuación vamos a definir de forma más detallada cada uno de los atributos, mostrando en cada caso diferentes ejemplos de viviendas que lo cumplen.

VERSATILIDAD

Los tres atributos iniciales son "de habitación", siendo el primero de ellos la versatilidad.

Una vivienda es versátil cuando es capaz de responder a las demandas instantáneas de sus usuarios en relación a la configuración de sus diferentes espacios interiores. Una vivienda versátil permite a sus habitantes transformar al momento su espacio interior.

La versatilidad puede limitarse a regular la unión o separación entre estancias, como en la planta alta de la *Casa Schröder* (1924), de GERRIT RIETVELD, que es un ámbito único que puede vivirse completamente abierto pero que, moviendo un sistema de puertas correderas, puede también compartimentarse, en un instante, en un estar, tres dormitorios y un baño.

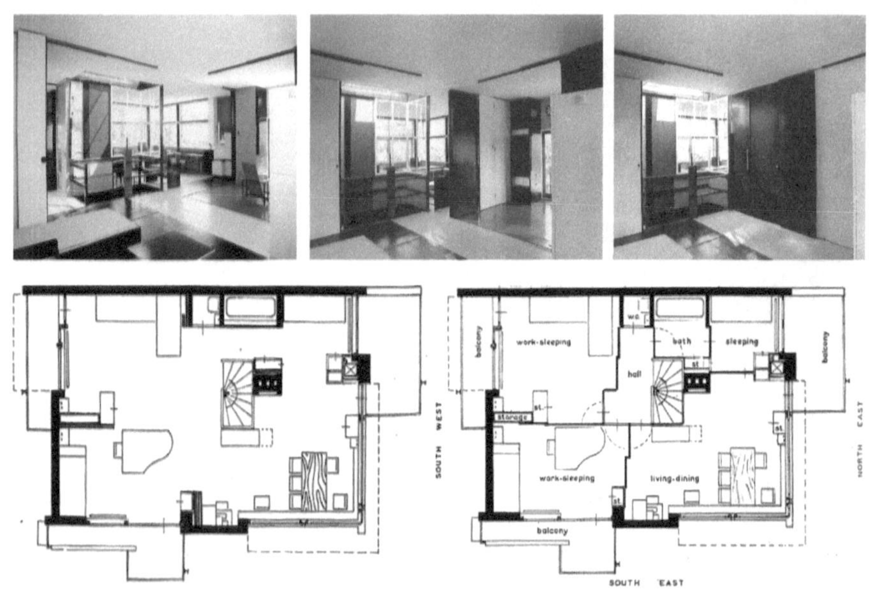

1924 Gerrit Rietveld: *Casa Rietveld-Schröder*. Utrecht, Holanda

Pero la versatilidad también puede abarcar cambios en los usos de los diferentes espacios de la vivienda, como en la pequeña cabaña, *The Box*, construida en 1942 por Ralf Erskine a las afueras de Estocolmo. Una chimenea divide el espacio interior de este hogar mínimo en una cocina y una estancia de uso variable. Esta pieza funciona en principio como estudio y comedor aunque, bajando la cama, que se guarda pegada al techo, se convierte en dormitorio, y plegando la cama por la mitad hasta convertirla en sofá, en un estar. El sofá puede quedar orientado hacia la chimenea o hacia las ventanas.

1942 Ralf Erskine: *The Box*. Djupdalen, Estocolmo, Suecia

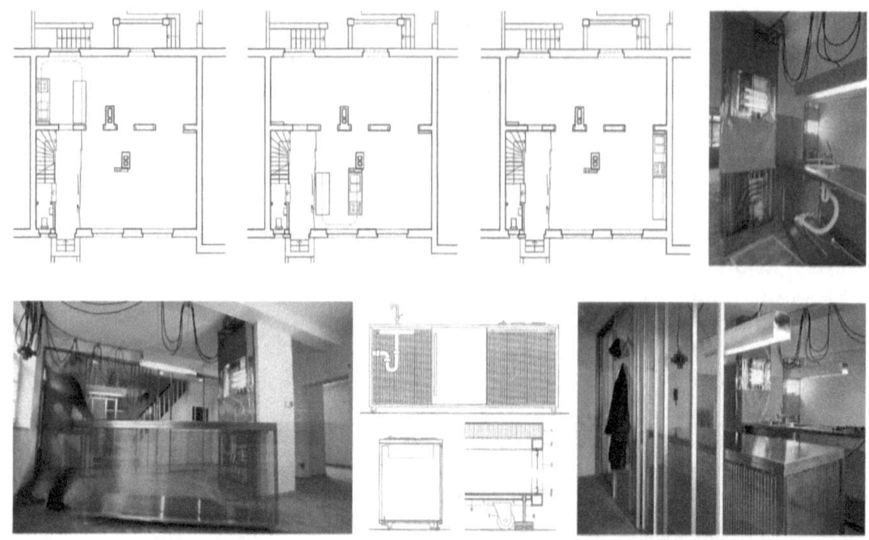

1998 Gerhard Kalhöfer y Stefan
Korschildgen: Apartamentos con cocina
móvil. Aquisgrán, Alemania.

Las modernas tecnologías nos permiten variar también las instalaciones de una vivienda. En estos *Apartamentos en Aquisgrán*, Alemania,
diseñados en 1998 por los arquitectos GERHARD KALHÖFER y STEFAN
KORSCHILDGEN, la cocina es móvil y se mueve sobre ruedas. Los habitantes pueden situarla en tres lugares de la vivienda, conectándola a las instalaciones generales del edificio. La definición espacial de estas casas y
la distribución de los usos queda pues en manos de sus ocupantes.

La Escuela de Arquitectura del prestigioso *MIT (Massachusetts Institute of Technology)*, ha creado el departamento *House_n*, destinado a
experimentar con materiales y tecnologías susceptibles de ampliar la
versatilidad de una vivienda. Este departamento está desarrollando un
modelo de muro móvil capaz de albergar al tiempo particiones interiores y mobiliario. Este muro ampliaría los usos que se puedan desarrollar en un mismo espacio.

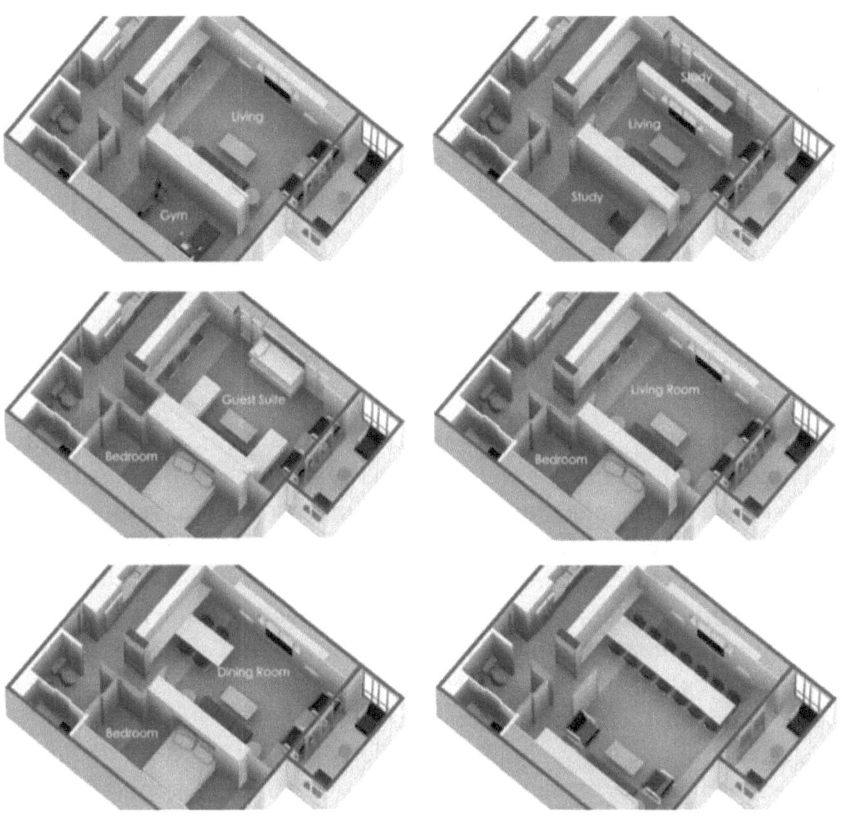

Massachusetts Institute of Technology (MIT). Escuela de Arquitectura. Departamento *House_n.* (Kent Larson). Prototipo de Vivienda urbana.

PERMEABILIDAD

"La arquitectura no debería ser un muro grueso y rígido sino una epidermis flexible y suave, como nuestra piel, que nos permitiera intercambiar información con el mundo exterior".

Toyo Ito

En una vivienda *permeable* es posible variar la relación entre el espacio interior y el entorno exterior, alterando la envolvente que media entre ambos, o modificando la situación relativa de lo construido respecto al exterior circundante.

La permeabilidad, junto a la versatilidad, el atributo anterior, son dos cualidades fundamentales en la arquitectura japonesa. Las casas tradicionales de este país, siempre construidas en madera, están rodeadas de unas amplias galerías cuyas fachadas constan de dos capas. La interior está formada por unos paneles correderos traslúcidos, *shoji*, que pueden llegar a retirarse del todo, mientras que la exterior la forman unas contraventanas de madera que durante el día se recogen, pero que al caer la noche se colocan de nuevo, cerrando completamente la construcción.[69] Los espacios interiores de estas viviendas carecen de un uso determinado, y pueden dividirse en zonas independientes mediante unos paneles móviles correderos. El mobiliario, que está normalmente guardado, sólo es desplegado para poder realizar el uso demandado, retirándose después, al finalizar su función. De este modo, la estancia, inactiva hasta entonces, se cualifica para ser usada, siendo los muebles, móviles, los que generan el uso de los espacios.

El arquitecto japonés SHIGERU BAN ha llevado la versatilidad y permeabilidad tradicionales de su país a la arquitectura moderna. En su vivienda *Nine square grid house*, construida en 1997, el usuario puede hacer desaparecer dos de sus cuatro fachadas, convirtiendo su casa

[69] El arquitecto alemán Bruno Taut (1880-1938), que residió en Japón entre 1933 y 1936, describe así la costumbre japonesa de cerrar por completo las casas por la noche: "Una vez que regresábamos a casa muy tarde, vimos que todo lo que normalmente estaba tan abierto y al aire lo habían cerrado como si fueran féretros. Las contraventanas de madera de todas las casas, sin excepción, estaban echadas, como si temieran que por la noche fueran a venir lobos o asesinos". Bruno Taut: *La casa y la vida japonesas*. Architemas 19. Fundación Caja de Arquitectos, 2007, p. 67.

en un pabellón abierto al exterior. Pero, además de permeable, esta vivienda también es versátil, porque las dos bandas de almacenamiento laterales que esconden las fachadas, alojan también unos paneles deslizantes que van de suelo a techo. Al desplegarlos, este espacio versátil puede compartimentarse de muchas formas diferentes.

1997 Shigeru Ban: Nine square grid house.
Kanagawa, Japón

La *Curtain Wall House*, también de SHIGERU BAN, es otro claro ejemplo de permeabilidad. Cuenta con dos capas en fachada, como las viviendas tradicionales. La capa exterior está formada por una cortina que puede llegar a cerrar completamente la casa, protegiéndola del sol, el viento o las vistas. La capa interior es una carpintería de vidrio que puede retirarse por completo, desapareciendo toda frontera entre interior y exterior.

1996 Shigeru Ban: Curtain Wall House.

Esta necesidad de abrir completamente las casas obedece a un clima
muy diferente al nuestro, por eso nos resulta extraña. En Japón, durante una parte del año, existe una alta temperatura y humedad, por lo
que, si no se quiere recurrir al aire acondicionado, es necesario contar
con una buena ventilación cruzada que refresque el hogar.

La *Cloister house*, de TEZUKA ARCHITECTS, es otro gran ejemplo japonés
de permeabilidad. Se denomina así porque la vivienda se desarrolla alrededor de un patio cuyas cuatro paredes pueden ser retiradas del todo.
Pero, además, la fachada a la calle también se puede hacer desaparecer
por completo.

Esta casa es otro gran ejemplo de versatilidad porque sus espacios
interiores se pueden abrir o cerrar a conveniencia. El proyecto plantea
una situación inicial en la que tan solo existe un único dormitorio para
padres e hijos, junto a la fachada a la calle. Durante el día, al recoger
los tatamis donde duermen los niños y deslizar los paneles que sepa-
ran este dormitorio del resto de la vivienda, surge un amplio espacio
abierto, en forma de L. Este espacio único permanece vacío y orde-
nado debido a que todos los muros medianeros de la casa funcionan
como almacenamiento. Cuando los hijos crezcan está prevista la colo-
cación de una separación intermedia en el dormitorio.

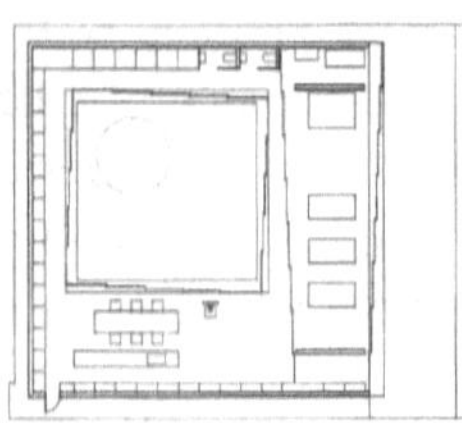

2007 Tezuka Architects: *Cloister house*.
Ohno, Tokio

La permeabilidad también se puede lograr mediante el uso de mecanismos más tecnológicos, como en esta vivienda en Suffolk, Reino
Unido, proyectada por DRMM y conocida como *Casa deslizante*. Fue
construida en el año 2010 en una zona en donde la normativa obligaba
a utilizar una cubierta a dos aguas. La cubierta se hizo así, pero móvil
y la construcción incorporó un caparazón exterior independiente,

formado por esta cubierta y los dos muros laterales que la sustentan, todos fuertemente aislados. Mide 16 metros, pesa 20 toneladas y
se desplaza sobre raíles impulsado por 4 motores integrados en sus
muros, que funcionan con unas placas fotovoltaicas situadas en la
cubierta. Necesita 6 minutos para desplazarse de extremo a extremo,
pudiendo detenerse en cualquiera de los puntos intermedios.

2009 dRMM (A. de Rijke, P. Marsh y
S. Morgan): *Casa deslizante*. Suffolk,
Inglaterra

Siguiendo con los mecanismos de permeabilidad, otra posibilidad de
regular la relación interior-exterior consiste en modificar la situación de
lo construido respecto al ambiente circundante como hacen, por ejemplo, las casas móviles al cambiar de ubicación. Algo parecido, pero
de menor grado, sucede cuando toda una construcción gira sobre sí
misma, como en los dos ejemplos que vamos a mostrar a continuación.

El primero de ellos son unas viviendas prefabricadas, denominadas
Domespace, cuyo primer prototipo fue ideado en 1988 por el francés
PATRICK MARSILLI, para su propia familia. Hoy, 25 años después, hay
más de 250 unidades de *Domespace* en todo el mundo. Esta vivienda
gira alrededor de su eje central, permitiendo, entre otras cosas, aprovechar al máximo la aportación de energía solar. Para ello tan sólo es
necesario programar una rotación automática, bien para lograr que el
sol entre por sus ventanas y caliente la casa, o bien para evitar que lo

1988 Patrick Marsilli: *Domespace*.

haga. También es posible girar la construcción de forma manual para, por ejemplo, buscar protección frente al viento, huir de ruidos molestos o elegir las vistas de acuerdo con las estaciones, el clima o el estado de ánimo. Su estructura es de madera certificada, su aislamiento es de corcho y puede incorporar paneles solares.

El segundo ejemplo de casa giratoria es la *Vivienda heliotropo*, la casa-estudio del arquitecto alemán ROLF DISCH, construida en 1994 en Friburgo. El objetivo de este proyecto era conseguir el máximo aprovechamiento energético. Para lograrlo, la mitad de la fachada está formada por amplios ventanales, con triple acristalamiento, mientras que la otra mitad incorpora unos paneles opacos de gran aislamiento. Toda la construcción rota alrededor del mástil central, que alberga una escalera de caracol y distribuye las instalaciones. El ritmo normal de giro es de 15° cada hora, acompañando al sol para maximizar la eficiencia energética y lograr una iluminación óptima. Los paneles fotovoltaicos de la cubierta rotan junto a la casa, generando más energía que la que la vivienda necesita.

1994 Rolf Disch: *Vivienda heliotropo*, Friburgo, Alemania.

ELASTICIDAD

Una vivienda es elástica cuando permite una ampliación o reducción de su espacio habitable, en un tiempo corto. Una vivienda elástica puede crecer o contraerse a voluntad en un instante.

Hay muchos mecanismos de elasticidad. La *Caravana Markies*, por ejemplo, diseñada en 1985 por Eduard Böhtlingk, se amplía mediante un giro, como un acordeón. Esta caravana dispone de un primer espacio interior, que puede usarse con las paredes laterales levantadas, y que incluye una cocina, una mesa para comer y un baño. Al descender uno de los laterales surge un estar, que puede quedar cubierto con un toldo transparente, a modo de mosquitera. Al bajar el otro lateral aparece la zona de dormir, separable en partes y protegida por un toldo opaco. El mobiliario se levanta junto con los laterales.

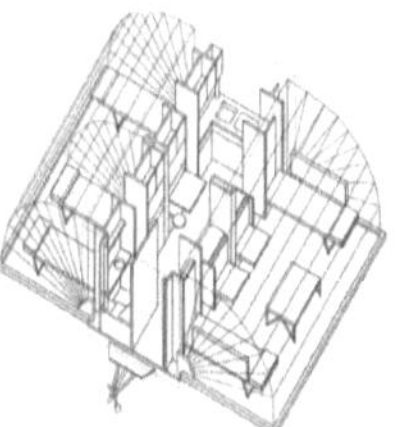

1985 Eduard Böhtlingk: *Caravana Markies*.

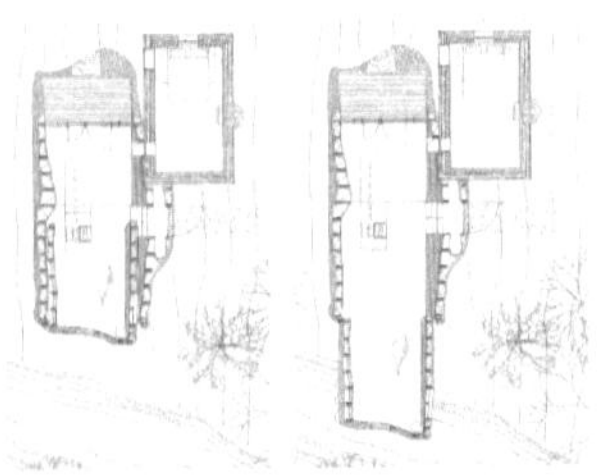

2004 24H Architecture: Casa *Ové Glas*.
2002 OMD: *Ecoville* y *Portable House*.

Otra posibilidad es extender la vivienda como si fuera un cajón, como sucede en la cabaña autosuficiente *Ové Glas*, construida por 24H Architecture en la reserva natural de Glaskogen, en Suecia. O también en las viviendas *Portable House*, propuestas como módulos agregables del proyecto *Ecoville*, una residencia sostenible para artistas proyectada en California por la *Office of Mobile Design* (OMD) de la arquitecta JENNIFER SIEGAL.

La arquitectura prefabricada transportable es pionera en elasticidad. Dentro de ella, y dado que las dimensiones de los transportes internacionales están limitadas, gran número de modelos son diseñados para que el volumen transportado se pueda extender sobre sí mismo al llegar a su destino. El habitáculo extensible *Fred*, creado en 1999 por OSKAR LEO KAUFMANN y ALBERT RUEF, es un ejemplo de ello. Una vez ubicado, amplía su volumen un 60%.

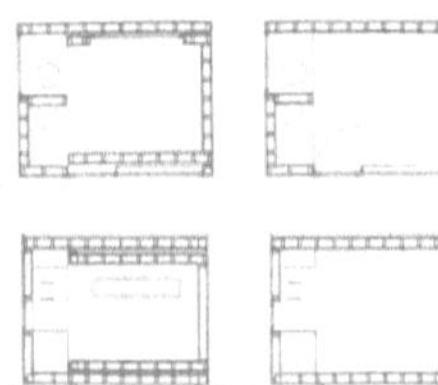

1999 Oskar Leo Kaufmann y Albert Ruef:
Fred, Reuthe, Austria.

El estudio de la pareja de artistas ALLAN y ELLEN WEXLER, cerca de Nueva York, también incorpora varios volúmenes extensibles, a modo de cajón, que amplían o reducen su espacio interior. Es una construcción tradicional, a dos aguas, cuyas fachadas disponen de diez huecos de 3 x 2,5 metros. En siete de ellos existe un gran cajón móvil que funciona como espacio de trabajo o almacén y que, al deslizarse hacia fuera, libera el espacio central. Los tres huecos restantes son de vidrio, extendiendo visualmente el espacio de trabajo sobre la naturaleza.

2003 *Wexler studio*, Southold, New York.

Otro mecanismo de elasticidad consiste en adosar a una vivienda una construcción anexa que pueda funcionar como interior o como exterior.

La *Casa Latapie*, construida en 1993 por los franceses LACATON y VASSAL, es un perfecto ejemplo de ello. Consta de dos construcciones de igual volumen. La primera alberga todo el programa de necesidades requerido por los clientes, mientras que la segunda es un invernadero adosado al anterior, sin uso definido. Este planteamiento muestra con claridad los dos objetivos generales de la casa abierta, porque el primer volumen da satisfacción a las necesidades de la familia mientras que el segundo, el invernadero, carece de función definida y es un mero soporte a la innovación. Este segundo volumen incorpora grandes aberturas practicables que permiten modificar, en un instante, los límites de la arquitectura, de tal modo que en esta vivienda el interior y el exterior se confunden y se deciden a diario, en función del clima, la hora del día o las estaciones.

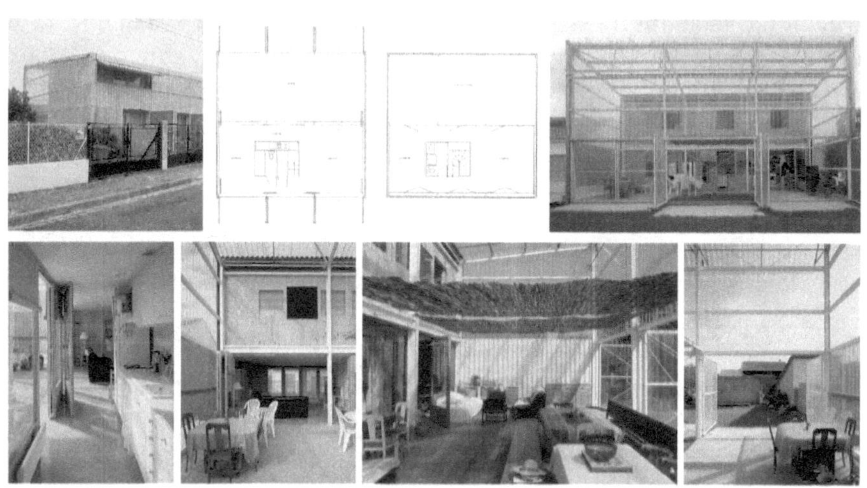

1993 Lacaton y Vassal: *Casa Latapie*.
Floriac, Francia

ADAPTABILIDAD

> "Si el hombre puede adaptar su vivienda y no se introduce en ella a la fuerza, tenemos una arquitectura adaptable".
>
> Frei Otto

Los tres atributos siguientes son "de evolución", el primero de los cuales es la adaptabilidad.

Una casa *adaptable* es capaz de alojar, con pequeñas variaciones interiores, a una gran variedad de grupos y modelos de convivencia, respondiendo con facilidad a diferentes funciones, usuarios, formas de uso y necesidades específicas.

Muchos sistemas prefabricados permiten que los habitantes adapten las viviendas a sus requerimientos iniciales. Las *Casas Meudon*, de JEAN PROUVÉ, creadas como parte de un programa francés de reconstrucción tras la guerra, son un buen ejemplo de ello. Admitían un elevado grado de personalización, de tal forma que el cliente podía combinar a su gusto nueve tipos de paneles modulares, que incluían diversos modelos de puertas y ventanas. Estos paneles también podían ser intercambiados o sustituidos.

1950 Jean Prouvé: *Casas Meudon* (1950-52). Meudon, París.

Otras viviendas adaptables en su primer uso son las cuatro *Viviendas en Cusago* diseñadas por RENZO PIANO mientras dirigía, junto a Richard Rogers, las obras del *Centro Pompidou*. El único elemento fijo de estas viviendas eran sus dos núcleos de baños. El resto de los interiores fueron construidos según los deseos de sus usuarios.

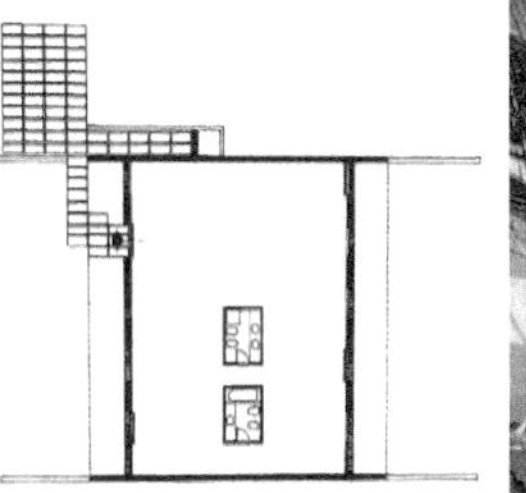

1974 Renzo Piano: *4 viviendas en Cusago*, Italia

Otro ejemplo de adaptabilidad son las *Viviendas en GenterStrasse*, en Munich, proyectadas y construidas por OTTO STEIDLE cuando tan solo tenía 29 años de edad.

El objetivo de este proyecto era que, además de la adaptabilidad inicial, las viviendas también pudieran reconfigurase, incluso drásticamente, durante su vida útil. Su estructura portante utilizaba unas piezas prefabricadas de hormigón que hasta entonces solo se habían usado en la construcción industrial, y que permitían una libre composición y disposición de las viviendas.

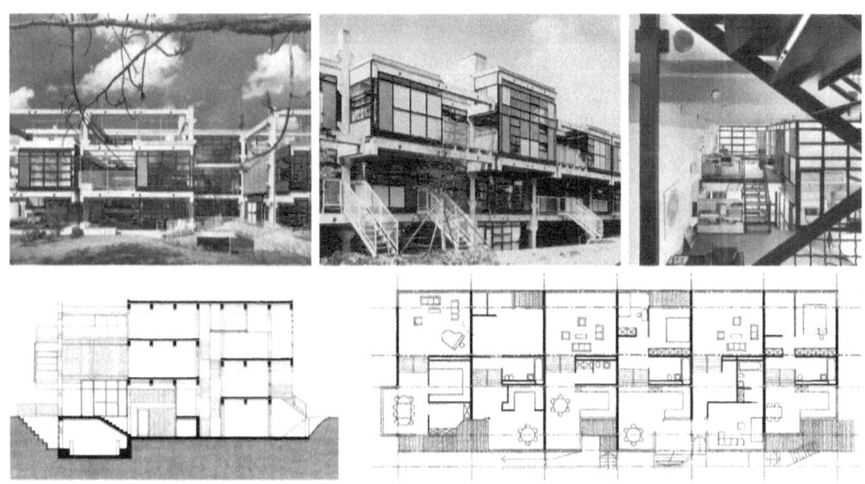

1975 Otto Steidle *Viviendas en Genter Strasse*, Munich

Algunos arquitectos persiguen la adaptabilidad mediante la llamada "industrialización abierta", también conocida como "sistema de construcción por componentes compatibles". Dentro de ella, todos los componentes para la edificación provienen de diferentes fábricas, pueden ser combinados como se quiera, y en cualquier momento también es posible sustituirlos o intercambiarlos por otros nuevos.

El arquitecto HELMUT SCHULITZ ha desarrollado diferentes ejemplos de industrialización abierta, como su *Casa Test* en Los Ángeles.

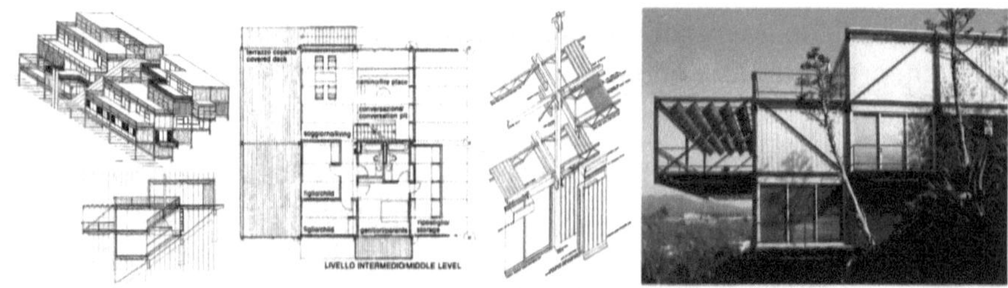

1976 Helmut C. Schulitz: *Casa Test*, Los Ángeles

El proyecto *Next 21*, finalizado en Osaka, Japón, en 1993, es otro gran ejemplo de adaptabilidad. Fue concebido como un proyecto experimental de vivienda plurifamiliar capaz de aceptar, con suma facilidad, cambios radicales tanto en las distribuciones de las viviendas como en sus instalaciones. Siguiendo los principios del SAR de John Habraken, el proyecto estableció una distinción entre el "soporte" (estructura, recorridos e instalaciones) y el "relleno" (viviendas). El primero se consideró como un elemento fijo y el segundo como variable.

Esta distinción generó una división en los procesos de diseño, de tal modo que el arquitecto jefe del proyecto, YOSHITIKA UTIDA, se encargó de definir el "soporte" mientras que, en paralelo a él, 13 equipos de arquitectura distintos se ocuparon de proyectar cada vivienda, en estrecha relación con los futuros habitantes.

Las viviendas fueron diseñadas con gran libertad y flexibilidad de manera que, una vez finalizadas, sus habitantes podían acometer, en

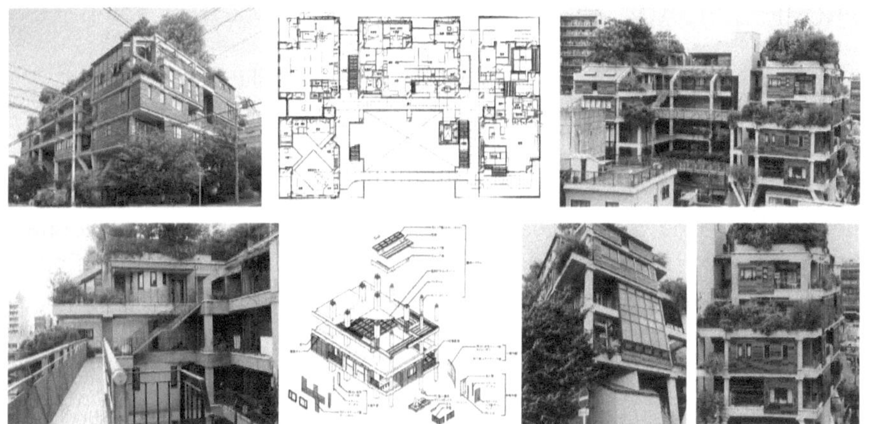

1993 Yositika Utida y SHU-KO-SHA architects:
Next 21 Osaka, Japón

todo momento, cambios radicales tanto en sus distribuciones interiores como en sus instalaciones, o incluso también en sus fachadas. En sus casi 20 años de vida todas las viviendas de este bloque han mutado varias veces para adaptarse a las nuevas necesidades de sus habitantes.

PROGRESIVIDAD

> "La casa es un organismo vivo, que debe ser incompleto y modificable".
>
> Renzo Piano

Un objeto es *progresivo* cuando "progresa o aumenta en cantidad o en perfección". Una vivienda es progresiva cuando incorpora en su planteamiento una futura mejora, bien en la calidad de sus componentes o bien en el tamaño del espacio habitable. Una casa progresiva está concebida para que sus usuarios puedan ir mejorando, a medio o largo plazo, su hábitat.

La progresividad y la adaptabilidad, el atributo anterior, son muy comunes en la arquitectura tradicional. La gran mayoría de esta arquitectura sin arquitectos está formada por viviendas levantadas por sus futuros habitantes, si acaso con la ayuda de algún vecino, dejando, en lo posible, espacio para un crecimiento futuro. En cada cambio familiar, los propios habitantes se encargan de adaptar su vivienda, mejorando su calidad o aumentando su tamaño mediante la incorporación de nuevas estancias.

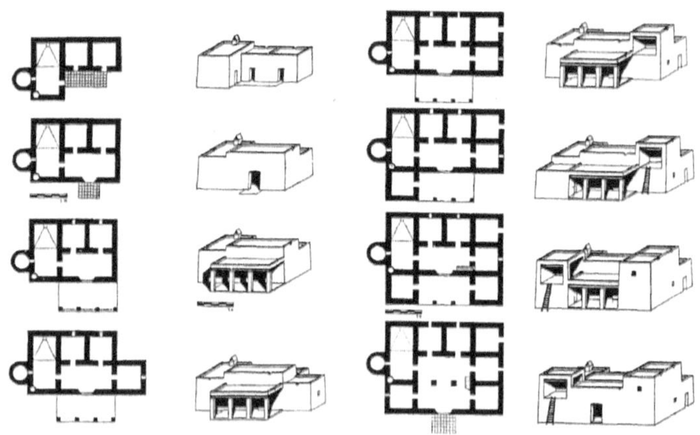

Casa tradicional ibicenca

Los metabolistas japoneses entendían las ciudades como organismos vivos y cambiantes, capaces de renovar sus partes de la misma manera que los organismos animales renuevan sus células. Para ellos, las células urbanas serían las viviendas, fabricadas en serie y ligadas a una infraestructura más permanente de calles y torres. Su idea era que cuando las cápsulas se desgastasen o se volvieran obsoletas, fueran reemplazadas por otras nuevas. KISHO KUROKAWA desarrolló este planteamiento en 1972 en su *Torre Nagakin*, en Tokio.

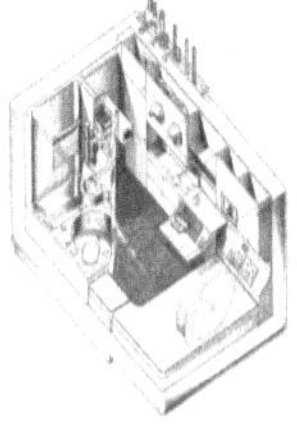
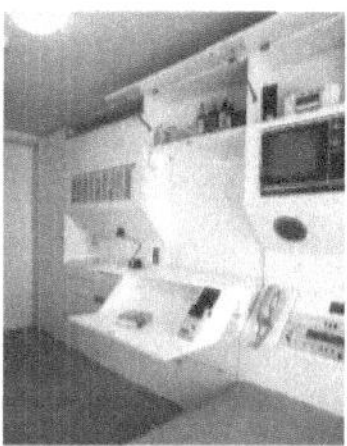
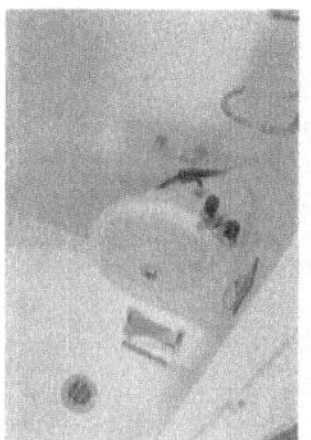
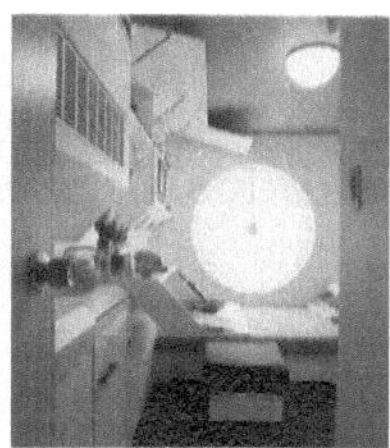

1972 Kisho Kurokawa: *Torre Nagakin*, Tokio

La *Casa en Coutras* de LACATON y VASSAL también es una "casa apareada doble", como la *Casa Latapie* que vimos en elasticidad. Esta vivienda está formada por dos invernaderos agrícolas yuxtapuestos. Uno de ellos dispone del aislamiento y acabados propios de una vivienda, mientras que el otro, sin uso definido, se deja en bruto. En el futuro los habitantes pueden acondicionarlo, si así lo desean, cuando sus circunstancias económicas lo permitan y su modo de vida lo requiera.

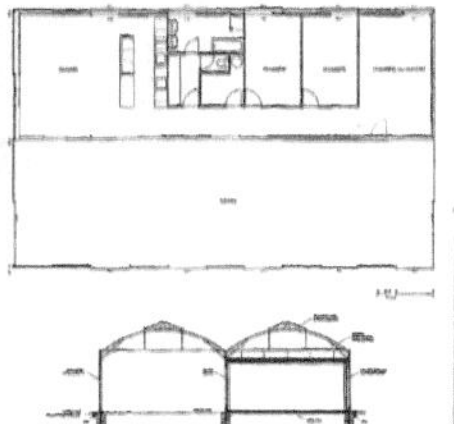
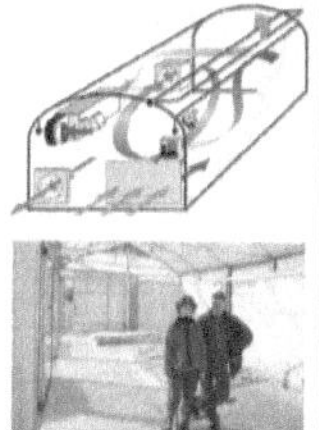

2000 Lacaton y Vassal: *Casa en Coutras*, Francia

La progresividad es un atributo imprescindible en buena parte de los
programas de ayuda destinados a dotar de una vivienda a la población
desfavorecida o excluida. Cerca de 1.000 millones de personas, un 15%
de la humanidad, habita en infraviviendas que carecen de unas mínimas
condiciones. Como el problema es enorme, los recursos son siempre
insuficientes y esta es la razón por la que estos programas de ayuda
suelen optar por construir solo una parte de las viviendas, casi siempre
unos sencillos núcleos de instalaciones, dejando que sean los propios
usuarios los que completen sus casas, ampliándolas alrededor de este
núcleo original, con los materiales y técnicas de que dispongan.

Un ejemplo de estos programas de ayuda es un nuevo barrio, cerca de
Indore, en India, promovido por la Vastu-Shilpa Foundation, bajo la
dirección del arquitecto BALKRISHNA V. DOSHI. Casi todos los solares
del barrio estaban destinados a la clase social más desfavorecida. Tan
solo tenían 35 m² y se entregaban con la cimentación, las instalaciones
y un baño mínimo, aunque a las familias con mayor capacidad de pago
se les añadía también una pequeña cocina. A partir de este núcleo
tan básico, cada habitante debía completar su casa, adaptándola a su
modo de vida. Mediante la progresividad conseguimos que los fon-
dos disponibles en los programas de ayuda lleguen a más personas,
ampliando su repercusión.

1983-1986 Balkrishna V. Doshi: Aranya
Low-Cost Housing, Indore, India

Otro gran ejemplo de progresividad con interés social es el *Concurso PREVI* (Proyecto Experimental de Vivienda), en Lima, del año 1968, que demandaba nuevos modelos de viviendas fáciles de construir y susceptibles de crecer en el tiempo, como este proyecto de JAMES STIRLING.

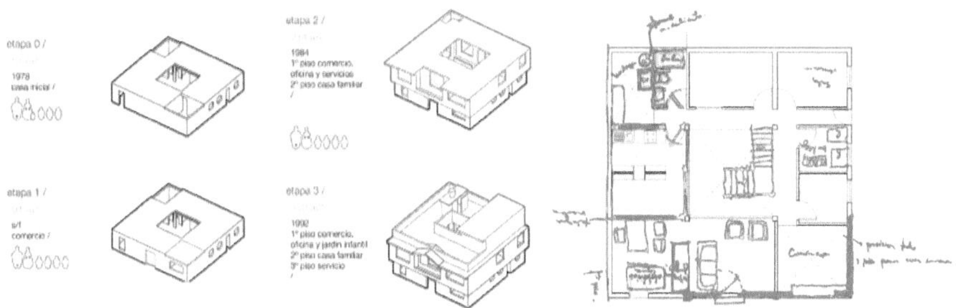

1968 James Stirling: *Concurso PREVI*, Lima

Otro ejemplo destacado es la propuesta de los arquitectos californianos STEVEN HOLL, TANNER y CROOPER para el Concurso para la mejora del medio ambiente urbano en países en vías de desarrollo de 1976, concebida como un sistema progresivo de crecimiento urbano. Estos arquitectos propusieron que el escaso dinero disponible se destinara a construir tan solo un gran pórtico de hormigón armado, que conduciría las instalaciones, definiría el ritmo de la imagen urbana, y serviría de soporte a la construcción espontánea, autoconstruida por los propios habitantes, que iría, poco a poco, generando la ciudad.

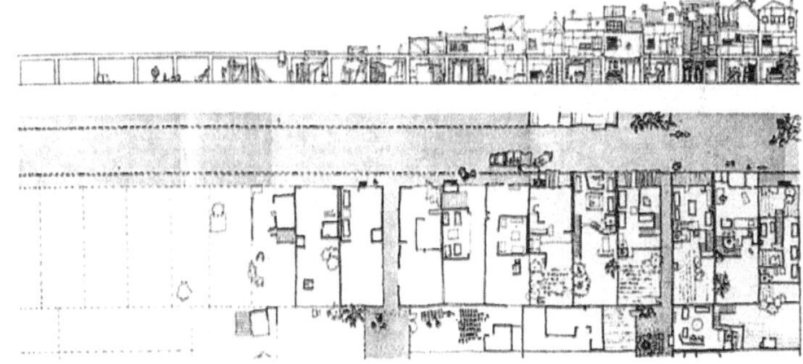

1976 Steven Holl, Tanner y Crooper:
Concurso para la mejora del medio
ambiente urbano en países en vías de
desarrollo. Tondo, Manila, Filipinas.

El equipo chileno ELEMENTAL[70] continua la senda de estos proyectos sociales progresivos. Su primera experiencia fue en Iquique, Chile, donde existía una parcela en el centro de la ciudad en la que vivían ilegalmente 93 familias, desde hacía 30 años, en construcciones precarias y con un alto índice de inseguridad. El proyecto parte de unas decisiones previas a la arquitectura, tomadas por las instituciones públicas, tratando de encontrar una solución viable al problema, evitando que las familias tengan que mudarse de lugar, repartiendo el dinero disponible entre el máximo número de beneficiarios, limitando la construcción a la capacidad económica de las familias y tratando de crear espacios que amplíen los vínculos sociales entre los habitantes.

El mayor problema era la escasa capacidad de endeudamiento de las familias que, pese a que el programa de ayuda les aportaba el solar, debían pagar la construcción de sus viviendas. Por ello, aún con los acabados más básicos, la superficie construida de cada casa no podía superar los 36 m². La solución adoptada fue construir este tamaño de vivienda, pero dejando espacio libre para que cada una de ellas pudiera ser ampliada en el futuro, por sus propios habitantes, al doble de superficie. Para facilitar la expansión constructiva, la parte de la vivienda construida inicialmente incorporaba los baños y la cocina necesarios para el estado final, una vez ampliada. El proyecto también incluía espacios colectivos capaces de generar redes sociales, y durante la construcción se programaron talleres en donde los futuros habitantes aprendieron las técnicas de construcción necesarias para ampliar y mejorar sus hogares. Este planteamiento progresivo ha tenido continuidad en otros lugares de Chile, y también en México.

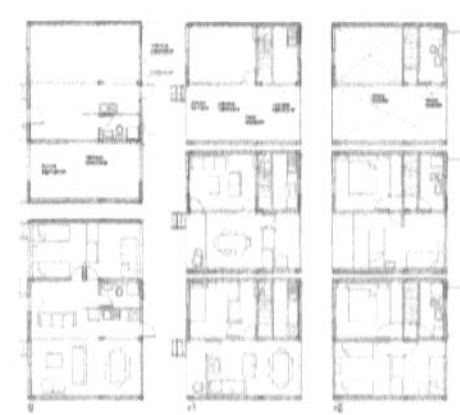

[70] Elemental S.A. es una empresa asociada a la Compañía de Petróleos de Chile COPEC y la Pontificia Universidad Católica de Chile. Los arquitectos socios son Alejandro Aravena, Gonzalo Arteaga, Diego Torres, Víctor Oddó y Juan Ignacio Cerda.

2004 Elemental: *Quinta Monroy*. 93 viviendas en Iquique, Chile

2004 Elemental: *70 viviendas en Monterrey*, México. Maqueta de lego.

2010 Elemental: *Villa Verde*. 484 viviendas y 3 sedes sociales. Constitución. Chile

Una progresividad parecida, pero sin que las ampliaciones auto-construidas afecten a la imagen urbana, ha sido desarrollada por los mismos arquitectos en otro proyecto posterior, la *Colonia Lo Barnachea*. En este caso, el exterior de la construcción se entregaba acabado y el crecimiento autoconstruido se limitaba al interior de las viviendas. Los acabados, como en el caso anterior, eran también muy básicos y los habitantes debían ir ocupando, con el tiempo, la mitad no construida inicialmente: media planta primera y toda la planta bajo cubierta.

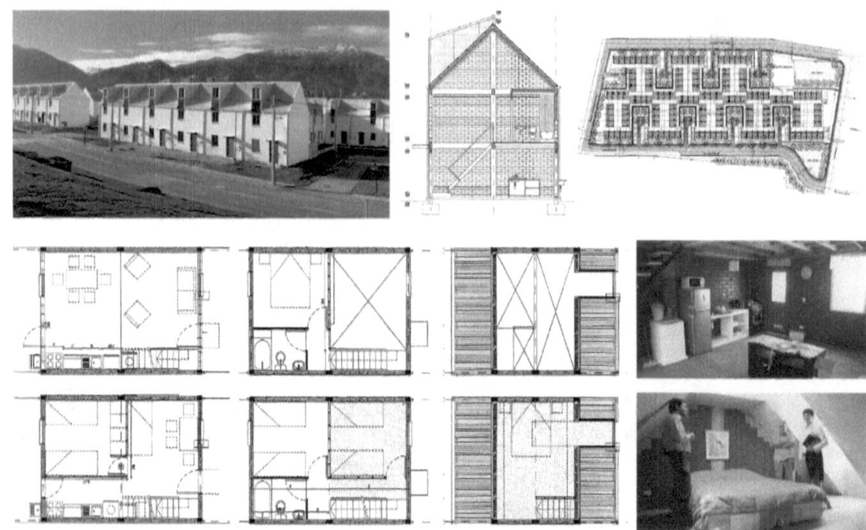

2010 Elemental: *Lo Barnachea*. 150 viviendas
y sede social. Santiago. Chile

Pero la progresividad también es una cualidad válida para el primer
mundo, al margen de un interés social, como este proyecto de un
núcleo prefabricado planteado en 1929 por GERRIT RIETVELD y TRUUS
SCHRÖDER, su antigua clienta. Incluía el vestíbulo, la escalera, las instalaciones, los armarios, los baños y las puertas interiores de la futura
casa. Una vez montado en una parcela, su propietario podría construir
a su alrededor las habitaciones que deseara, del tamaño que quisiera.

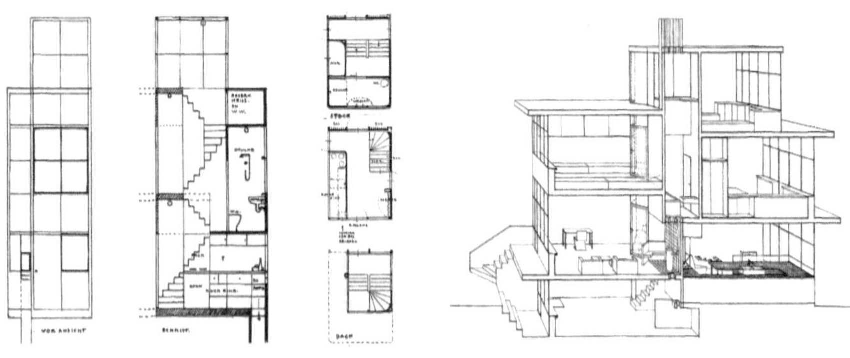

1929 Gerrit Rietveld y Truus Schröder:
Núcleo prefabricado

Un ejemplo construido de progresividad en el primer mundo es la *Yacth House*, proyectada por RICHARD HORDEN. Este arquitecto británico persigue incorporar una tecnología prefabricada y ligera en el hábitat, valiéndose de mecanismos de "transferencia tecnológica". En esta casa, Horden ha trasladado a la arquitectura las ligeras estructuras de los barcos de vela. Sus clientes necesitaban una casa sencilla y barata capaz de ser montada y manipulada por ellos mismos y que, además, pudiera crecer. La vivienda pasó de 123 a 164 m² justo antes de su construcción, y aumentó, 10 años después, hasta 218 m². La propia familia ensambló la casa, varió su configuración interior y amplió la construcción.

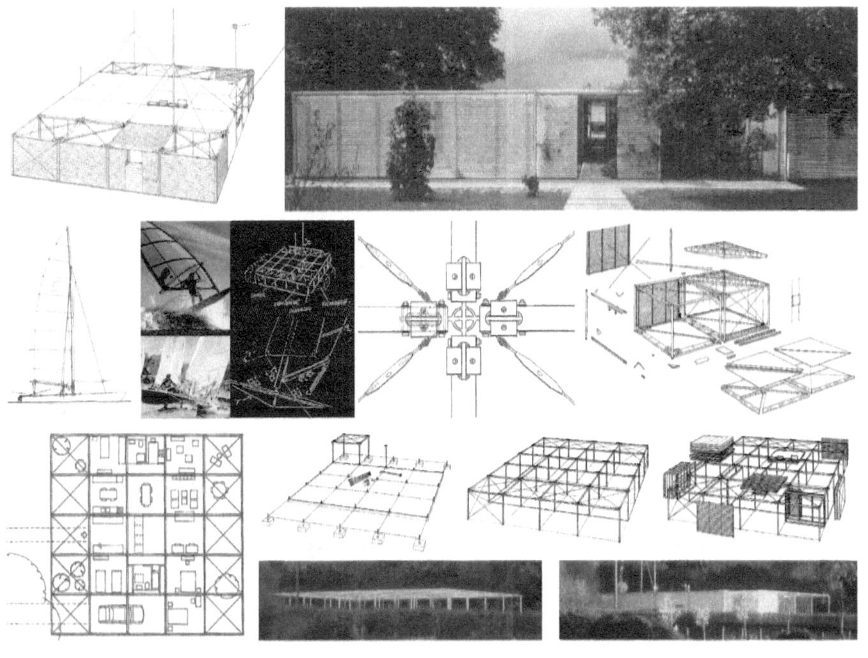

1983 Richard Horden y Horden Cherry Lee
architects: *Yacht House*, New Forest, Hampshire

Las *Casas Experimentales* en Almere del arquitecto holandés HERMAN HERTZBERGER, recuerdan a las viviendas "incrementales" en Iquique del grupo Elemental, mostradas como ejemplo de progresividad social. Estas viviendas desarrollan su programa en un volumen construido que deja, en paralelo, un gran espacio anexo vacío e "interpretable".

Cada propietario lo ha ido utilizando de modo diferente, o lo ha dejado
para el futuro, pudiendo acomodarse entonces a las necesidades reales y a la economía del momento.

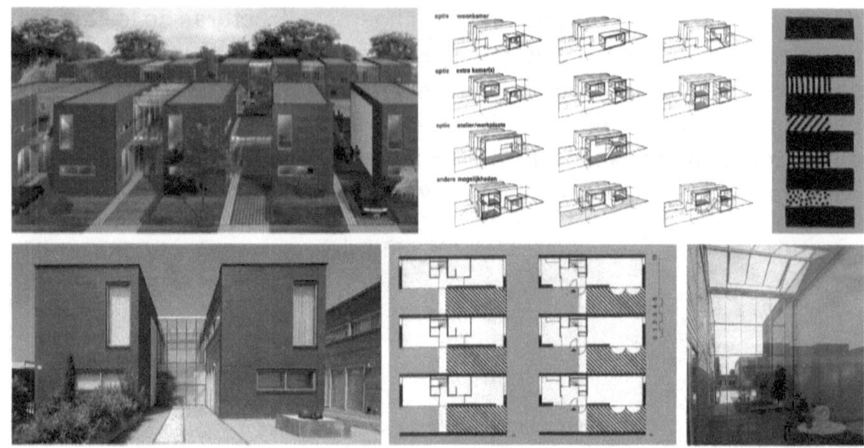

2002 Herman Hertzberger:
Casas experimentales, Almere, Holanda

Otra posibilidad de progresividad por crecimiento se da en las
construcciones prefabricadas por módulos, que permiten ampliar
la construcción añadiendo otros nuevos. Un ejemplo de ello es este
sistema, denominado *Kubeflex*, desarrollado, entre otros, por el danés
ARNE JACOBSEN. Consta de unos módulos cúbicos, de uso indeterminado, susceptibles de ser agrupados de muchas maneras. Cada
módulo mide 12 m² y cuenta con 7 alternativas para su cerramiento
exterior. No tienen programa ni jerarquía, por lo que puede acoger las
funciones que se necesiten.

1971 Arne Jacobsen, C. Than y K. Vindum:
Kubeflex

MOVILIDAD

"La objeción que hiciera Momo a Atenea con respecto a su casa: que no
era movible y que, por tanto, no sería posible evitar una mala vecindad".

Fábula 233 de Esopo

Una casa móvil permite a sus habitantes modificar su emplazamiento
y, por tanto, variar su entorno. Es una vivienda nómada que puede tras-
ladarse entera o desmontada, por tierra, por agua o por el aire.

Aunque en nuestra cultura la movilidad es un atributo extraño, en
muchos lugares del planeta es habitual que existan hábitats móviles.
En el Sudeste Asiático, por ejemplo, cientos de miles de personas
viven, desde hace siglos, en casas flotantes. Las extremas variaciones
de caudal que sufre el río Mekong como consecuencia de los monzo-
nes han hecho que haya pueblos enteros formados por construcciones flotantes. Esta movilidad les permite adaptar su ubicación a los
cambios estacionales del río. En Camboya, la crecida del Mekong llena
cada año el lago Tonle Sap, que aumenta diez veces su tamaño. Los
más de 200 pueblos flotantes existentes en el lago se desplazan, mes a
mes, a medida que las aguas suben o bajan.

En otros lugares como, por ejemplo, los Países Bajos, Estados Unidos
o Canadá, también son habituales las comunidades flotantes.

Pueblos flotantes en río Mekong. Lago Tonle
Camboya

El arquitecto FRANK LLOYD WRIGHT desarrolló varias propuestas residenciales sobre el agua, como su *Vivienda para dos personas en el lago
Tahoe*, o su ciudad flotante, la *Triton City*, que podemos ver hoy mate-
rializada, a una escala menor, en hoteles flotantes que cambian su
emplazamiento en función de la demanda y la temporada.

Arriba: asentamientos flotantes en los Países Bajos, EEUU o Canadá.

Abajo a la izquierda, una *Vivienda para el lago Tahoe*, de F. Ll. Wright (1923). En el centro su ciudad flotante, la *Triton City.* A la derecha un hotel flotante.

Un proyecto contemporáneo sobre el agua es esta residencia temporal destinada a los artistas invitados al Centro Nacional de la Estampación y el Arte Impreso de París. Se denomina *Maison Flotante* y está posada, desde el año 2006, en el río Sena. Tiene 23 m. de largo y 5 de ancho, e incorpora una terraza de 23 m². Dentro de este barco-casa, la vida y el trabajo de los artistas convergen alrededor de sus diferentes espacios, que no son ni definidos ni definitivos.

2006 Ronan y Erwan Bouroullec: *Maison Flotante*

En muchos países del mundo, la idea de vivir en un espacio que previamente ha estado habitado por extraños les parece inadecuada. En Guinea, Kenia o Vietnam, y también en muchos lugares de América del Sur, cuando cambian los habitantes de una vivienda, se destruye la antigua casa y se construye una nueva. En ocasiones, en vez de demoler lo existente, se desmonta y se traslada por partes, con la ayuda de animales, vecinos o parientes, hasta su nueva ubicación. En estos países no se construye para una larga duración, sino de una forma ligera y móvil.

La arquitectura móvil está presente en gran parte del planeta.

La movilidad tampoco está reñida con la calidad ni con la comodidad, por lo que las viviendas móviles pueden ser todo lo lujosas que se quiera. Un buen ejemplo de ello es el alojamiento móvil creado por ECKART MUTHESIUS para el maharajá de Indore. Estaba formado por 4 furgonetas en cruz con una tienda intermedia.

1939 EckartMuthesius: *Alojamiento móvil para el maharajá de Indore.* India
Autocaravana de los años 60

La casa portátil ha sido un tema recurrente en la arquitectura moderna. Una de las primeras propuestas fue la *Dymaxion house* del norteamericano BUCKMINSTER FULLER, presentada en 1929 y nunca desarrollada.

Desde entonces han surgido cientos de ideas sobre este tema, de las que vamos a destacar tres que sí llegaron a comercializarse. La primera es similar al sistema *Kubeflex* que mostramos en progresividad. Es el proyecto *Casanova 2400*, del año 1975. Sus células eran pequeñas, multifuncionales e intercambiables, y podían adosarse en horizontal o apilarse en vertical. La segunda son las *Futuro House*, del finlandés MATTI SUURONEN, de las que se vendieron un centenar de unidades desde su aparición en el año 1968. Y la tercera es la *Micro Compact Home*, diseñada por un equipo de arquitectos encabezado por RICHARD HORDEN, creador de la *Yacht house* que vimos en progresividad. La *Micro Compact Home* mide 3 × 3 × 3 m. y pesa 2,2 toneladas. Su interior incluye dos compactas camas dobles, una zona para sentarse, una mesa deslizante para trabajo o comida, una cocina y un área de aseo.

1975: *Casanova 2400*.

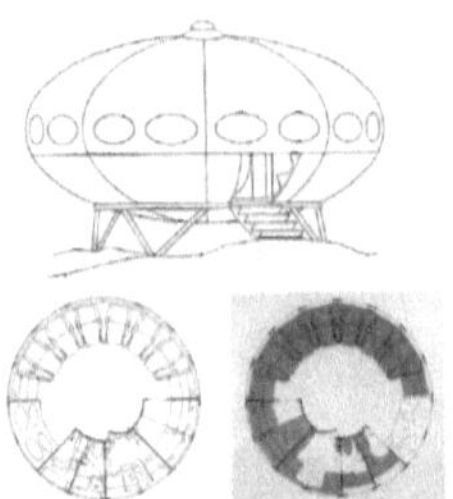

1968-1978: *Futuro House*.

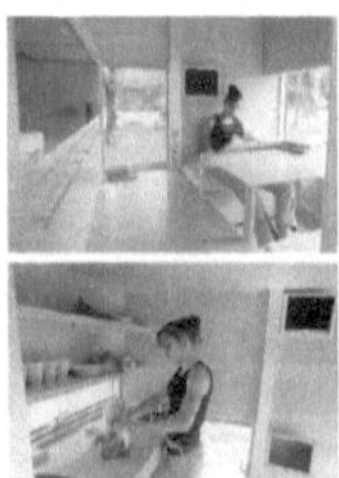
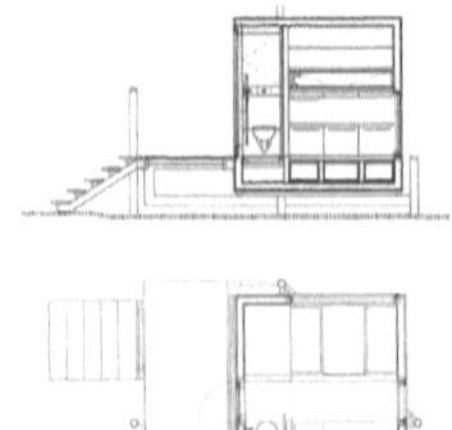

2001: *Micro Compact Home*.

Como ya vimos en el apartado de elasticidad, algunos sistemas prefabricados móviles están diseñados para extender su volumen al llegar
a su destino, optimizando al máximo las limitadas medidas del trans-
porte internacional. Vamos a mostrar a continuación tres ejemplos de
movilidad y elasticidad. El primero son unas viviendas que resultaron
ganadoras del concurso *Misawa Homes* del año 1971: las *Tilted boxes*,
de MASAYUKI KUROKAWA. Consistían en un contenedor que podía ser
transportado en un camión o remolcado por un coche. Esta construcción
móvil se hacía habitable girando 45° sobre uno de sus lados, surgiendo
una doble altura. Los módulos también podían ser ensamblados entre
sí de muy diferentes formas, dando lugar a complejos conjuntos habita-
bles. El segundo ejemplo es el *Tetrodon*, nacido en 1972. Y el tercero son
las *Mobile Dwelling Unit*, del año 2003, que tienen el tamaño de un contenedor, pudiendo llegar a apilarse para generar un hábitat colectivo.

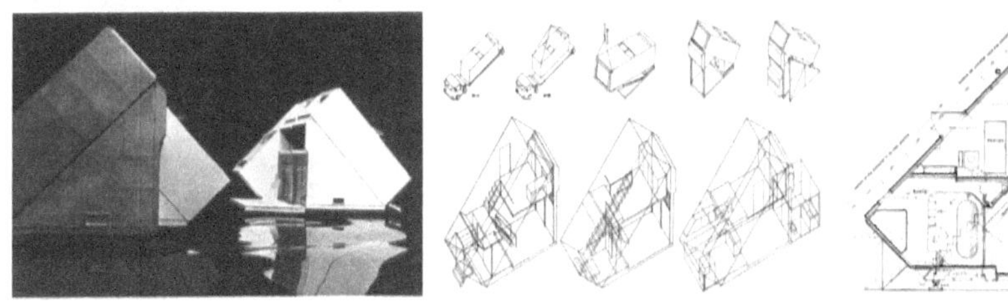

1971: *Tilted boxes*.

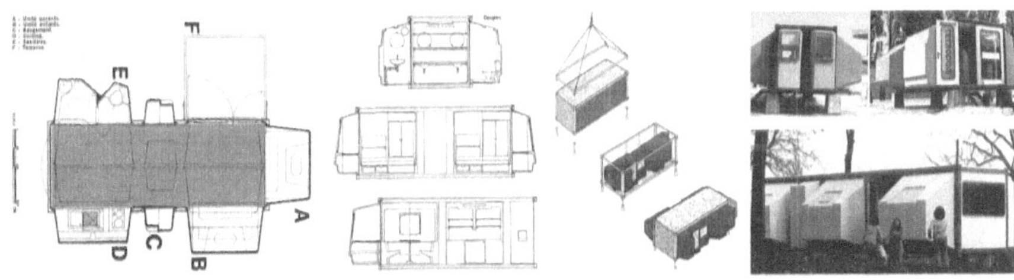

1972 *Tetrodon*.

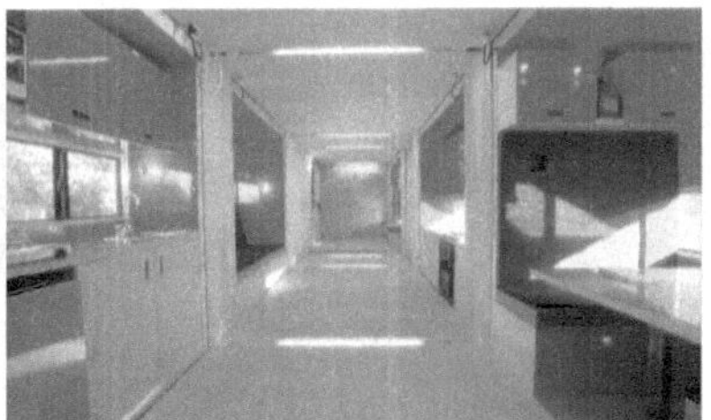

2003: *Mobile Dwelling Unit* (MDU).

Otro fantástico ejemplo no construido de vivienda móvil se lo debemos también a BUCKMINSTER FULLER: su *Standard of Living Package*, el primer uso de sus famosas cúpulas geodésicas. Esta casa desmontable era un conjunto portátil de accesorios que permitían desarrollar una vida doméstica. Se almacenaban en un contenedor, y podían ser desplegados en cualquier parte, bajo una cúpula geodésica transparente, casi inmaterial, que también se llevaba, desmontada, en el propio contenedor.

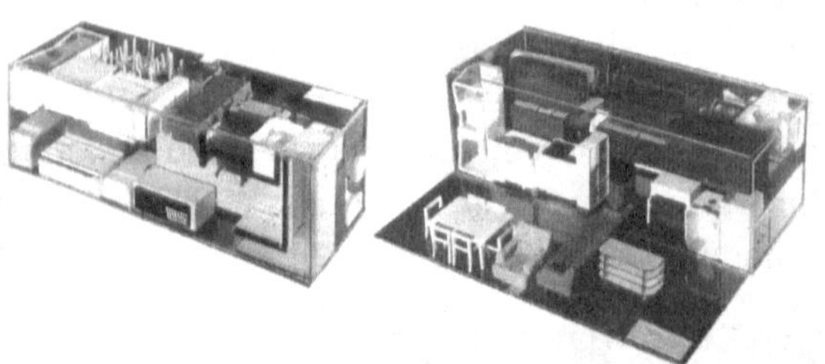

1948 Buckminster Fuller: *Standard of Living Package*

La movilidad resulta muy interesante cuando viene asociada a otro atributo que veremos más adelante: la disgregación. Este proyecto para el concurso *Parasite* en Ijburg, Amsterdam, divide la vivienda en dos volúmenes flotantes, con un barco de apoyo. Estos volúmenes pueden variar su situación relativa en función de las circunstancias de sus moradores. Cada situación de la vivienda indica un vínculo puntual de sus ocupantes, y crea una relación única entre la casa y el entorno. Los dos módulos también pueden separarse del todo, trasladándose a dos lugares diferentes y originando dos viviendas disgregadas.

2000 Maccreanor y Lavington: *Propuesta concurso Parasite*. Ijburg, Amsterdam

Tal y como le decía Momo a Atenea en la Fábula de Esopo, la movilidad también puede servir para evitar una vecindad molesta. En el campus universitario *Potteries Thinkbelt*, propuesto en 1966 por CEDRIC PRICE, todas las viviendas eran móviles, por lo que podían ser recolocadas en función de las relaciones y vínculos creados entre los estudiantes que las habitaban. Esta movilidad permitía graduar el grado de independencia de cada vivienda, variando la distancia y orientación respecto a las construcciones vecinas.

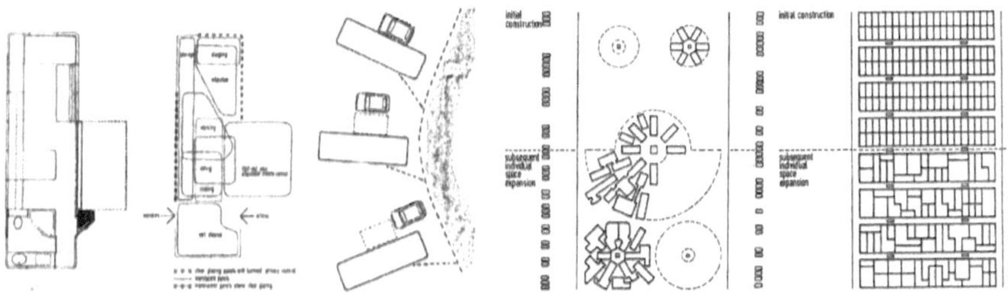

1966 Cedric Price: *Potteries Thinkbelt*

SOCIABILIDAD

El tercer trío de atributos se refiere al propio concepto de vivienda, siendo la sociabilidad el primero de ellos.

Una casa es sociable cuando sus ocupantes comparten espacios o servicios con el colectivo de vecinos que la rodea, asumiendo decisiones mutuales. . Porque una casa no es una célula independiente, sino que forma parte orgánica de la ciudad y del entorno social, debiendo por ello estar dotada de una digna vida en común, tejida entre los vecinos, de un provechoso convivir.

Un hábitat sociable puede crearse con la participación de los futuros habitantes, o al margen de ellos. Dentro de esta segunda posibilidad vamos a mostrar a continuación tres proyectos construidos.

El primero es la famosa *Unite d'Habitation* de Marsella, de LE CORBUSIER, finalizada en 1952, que incorpora una calle comercial, a media altura, con varias tiendas, un restaurante, un bar y un hotel. En la azotea del edificio están los servicios comunitarios, formados por un gimnasio, una guardería, una piscina, una pista de carreras y un pequeño escenario.

El segundo ejemplo nos lleva de nuevo a Japón, en donde algunas empresas promueven alojamientos para sus trabajadores. En la *Residencia Yakult* viven algunos de los empleados de la empresa Yakult Corporation. El edificio alberga 32 pequeños apartamentos, con acceso independiente, situados en 8 volúmenes cúbicos de dos plantas, de 6 m. de lado. Estos cubos se sitúan sobre un basamento rectangular que aloja el acceso y todos los espacios comunitarios, que incluyen una gran estancia común, una cocina, la lavandería, la administración y un dormitorio para invitados.

El tercero es una residencia para estudiantes, probablemente el tipo de construcción con espacios comunes más habitual en Europa. La *residencia de estudiantes Tietgen*, en Copenhague, tiene forma circular, alrededor de un patio central que funciona como punto de encuentro general del edificio. Las habitaciones se sitúan hacia el exterior, en grupos de 12, y cada grupo dispone, sobre el patio circular, de un estar, una cocina, un cuarto de secado y una terraza. Este edificio proporciona a los residentes tres niveles de privacidad: las zonas comunes de toda la residencia, las áreas compartidas por cada 12 habitaciones, y la estancia propia.

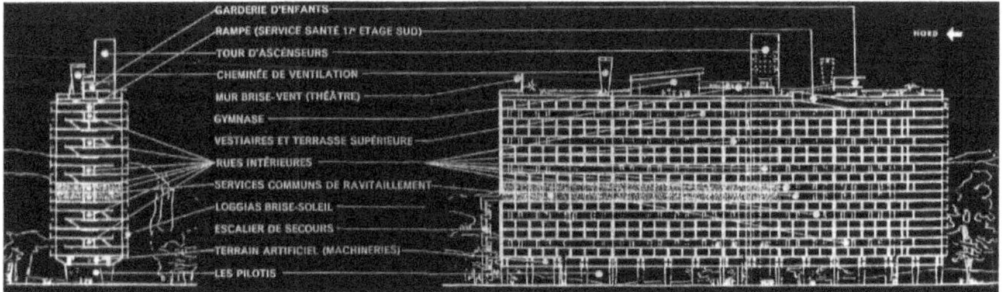

1952 Le Corbusier: *Unité d'Habitation*, Marsella.

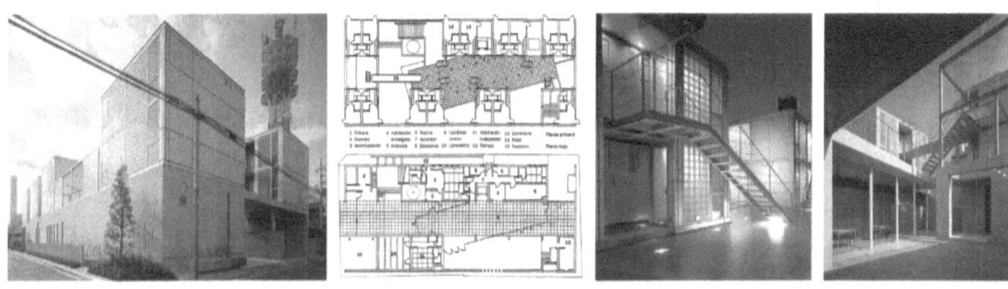

1994 Toshio Akimoto: *Residencia Yakult*, Tokio.

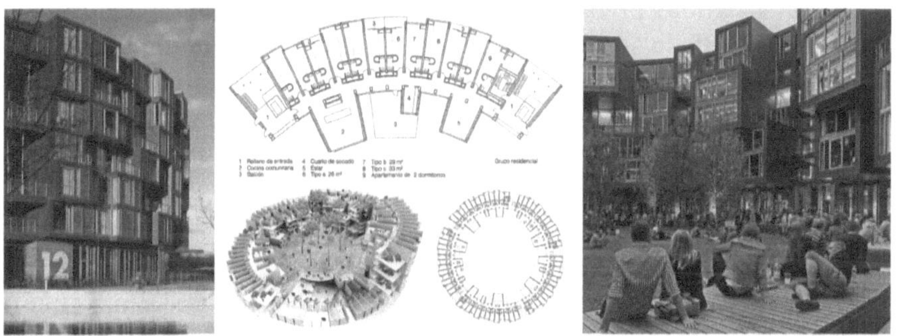

2006 Lundgaard & Tranberg: *Residencia de estudiantes Tietgen*, Copenhague.

Pero un hábitat sociable también puede haber sido co-creado por sus futuros habitantes. Los daneses son pioneros en Europa de estos proyectos residenciales autogenerados. El origen de esta tendencia está en 1967, a partir de que la escritora danesa Bodil Graae publicara un artículo en el periódico *Politiken* titulado "Los niños deben tener cien padres".[71] Este artículo llevó a un grupo de personas desencantadas con las viviendas existentes a ponerse en contacto y organizarse.

Todos ellos estaban interesados en la creación de un hábitat colectivo sano en donde sus hijos pudieran vivir y crecer. Tras un largo proceso de muchos años, lleno de reuniones y debates, su anhelo común se hizo realidad en 1972, en Hillerød, con el nombre de *Sættedammeny* (poner el estaque). Esta comunidad está considerada el primer *cohousing* del mundo, y hoy en día, casi medio siglo después, funciona como el primer día.[72] *Sættedammen* consta de 27 casas independientes, una casa comunal y amplias zonas comunitarias. A diferencia de los experimentos de comuna, muy extendidos en esos años, el *cohousing* cuida la intimidad de los habitantes, por lo que cada familia cuenta con una casa completa e independiente. Estos asentamientos están gobernados por los propios residentes, de forma asamblearia, sin directores ni líderes. A partir de los años 80 esta forma de residencia comunitaria se extendió por todo el mundo, surgiendo cientos de ellos, sobre todo en Dinamarca, en los Países Bajos, EEUU y Canadá.

Dentro de los múltiples ejemplos de *cohousing* vamos a destacar uno, también danés, denominado *Jystrup Sawmill,* desarrollado entre 1982 y 1984 con la coordinación de TEGNESTUEN VANDKUSTEN ARCHITECTS. Comprende 21 viviendas privadas y numerosos espacios comunes, que ocupan el 40% de la superficie total del proyecto, incluyendo una gran cocina colectiva, el comedor, un estar, una biblioteca y siete espacios adicionales que pueden servir como talleres o como cuartos de huéspedes. Todas las construcciones están orientadas al sur y tanto los espacios comunes como los corredores disponen de una cubierta de

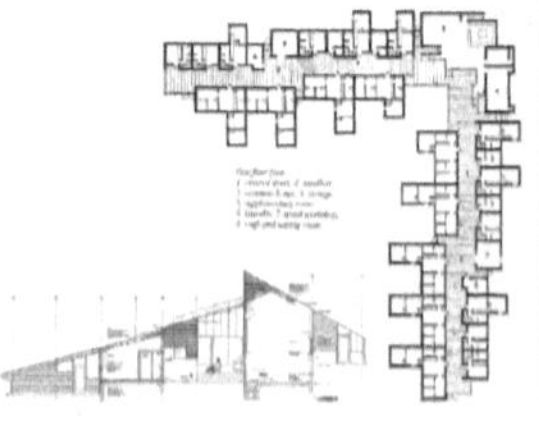

1984 Tegnestuen Vandkusten Architects:
Cohousing Jystrup Sawmill, Dinamarca.

[71] Graae, Bodil. "Børn skal have Hundrede Foraeldre". Politiken [Copenhagen], abril 1967.
[72] http://www.bofaellesskabet.dk.

vidrio, de tal forma que pueden ser usados de manera intensiva todo el año, con un considerable ahorro energético.

En otros lugares de Europa renace en los años 80 un modelo residencial muy común en los años 30: las *Cooperativas de viviendas*, promovidas por los futuros habitantes. Dentro de este modelo de autopromoción, es habitual que los propios cooperativistas definan su futuro hábitat mediante un proceso participativo. Juntos establecen sus necesidades concretas que luego trasladan, con la ayuda de los arquitectos elegidos entre todos, a una forma espacial y organizativa. Muchas Cooperativas de viviendas han incorporado en su hábitat diversos espacios o servicios comunes. En Alemania, este nuevo auge de las cooperativas tuvo lugar a principios de los años 90, sobre todo en Friburgo y Tubinga. Desde entonces este modelo se ha extendido por otras muchas ciudades alemanas.

En Austria, las cooperativas tienen también mucha importancia, habiendo surgido en Viena, en 1996, el más conocido ejemplo de este modelo de planificación participativa: la *Cooperativa de viviendas y servicios Sargfabrik*, coordinada por los arquitectos BKK-2. Este edificio surgió de una cooperativa formada por unas 30 personas, que decidieron destinar el 20% de la superficie construida a zonas comunes. Parte de ellas son solo para los residentes, pero otras están abiertas al barrio, de tal modo que *Sargfabrik* se ha convertido, con el tiempo, en un importante foco de atracción cultural de todo el oeste de Viena. Nadie es propietario en

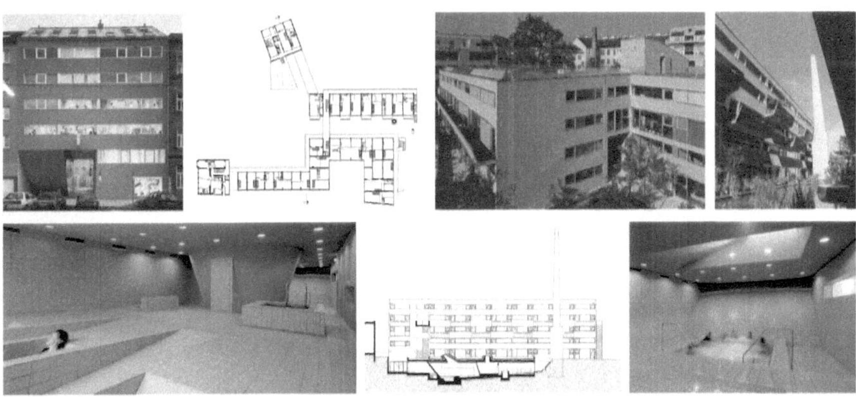

1996 BKK-2: *Cooperativa de viviendas Sargfabrik*, Viena

Sargfabrik, porque los residentes tan sólo tienen el uso y disfrute de sus viviendas y espacios comunes, pagando para ello una cuota mensual. Y nadie está atado a una propiedad: si un residente quiere irse tan solo es necesario devolverle el depósito inicial. De las 73 viviendas, 3 se reservaron para personas con discapacidad, 3 para personas de edad avanzada y otras 3 para refugiados.

Cuatro años más tarde la misma cooperativa inauguró un segundo edificio, *Miss Sargfabrik*, que alberga también un equipamiento social del Ayuntamiento de Viena con pequeños apartamentos que se alquilan a estudiantes durante periodos de un año. En los dos edificios *Sargfabrik*, las viviendas son dúplex, con acceso por su nivel inferior desde unos anchos corredores semipúblicos que recorren las fachadas. Estos corredores están así concebidos para fomentar el sentimiento comunitario. En la actualidad hay unos 250 residentes en los dos edificios y existe una larga lista de espera para entrar a vivir en ellos.

2000 BKK-3: Cooperativa de viviendas
Miss Sargfabrik, Viena

INDETERMINACIÓN

"El verdadero lujo es tener un espacio vacío".

Andy Warhol

En una vivienda *indeterminada* los usos y funciones no tienen asignado un lugar específico y el modo de utilización de los diferentes espacios interiores no está definido. Una casa indeterminada entrega a sus moradores m³ sin un uso concreto, listos para una apropiación creativa.

El ejemplo más inmediato de un hábitat indeterminado son los *lofts* del SoHo o Berlín, que tuvieron su mayor auge en los años 60. En estos *lofts*, los artistas desarrollaron un nuevo estilo de vida al margen de una estructura familiar convencional. Dentro de ellos, el trabajo creativo, las actividades lúdicas y sociales y el ámbito residencial compartían el mismo espacio, sin separación alguna entre casa y trabajo, o entre lo privado y lo público. El *loft* creativo más famoso fue *The Factory*, fundado por Andy Warhol como una "comuna productiva", entre 1963 y 1968. Aunque Warhol dormía todos los días en el apartamento de su madre, Billy Linich, el decorador del espacio, sí residía allí. Linich forró todas las paredes de papel de aluminio y pintó los muebles y el suelo de color plata, convirtiéndolo en *The Silver Factory*.

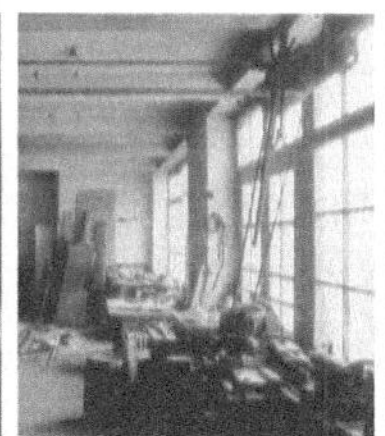

1960s *Lofts* en SoHo (Nueva York) y Kreuzberg (Berlín)

Dentro de este atributo, vamos a destacar primero dos proyectos indeterminados que, pese a estar separados casi 40 años, son muy similares. Uno es la propuesta de CANDILIS, JOSIC y WOODS para el *Concurso PREVI*, en Lima, del año 1968. El otro son unas viviendas en Japón de

Ryue Nishizawa, construidas en el año 2004. Ambos proyectos se sirven de una cuadrícula sin jerarquía, o un sistema de "malla y relleno", generado mediante una estructura reticulada que delimita espacios de similares proporciones que también pueden quedar libres para patios. El de Candilis, Josic y Woods busca des-jerarquizar los espacios de la vivienda, tratando que los usuarios se apropien de cada zona a su manera, en función de sus hábitos cotidianos, o sus diferencias culturales. En las viviendas de Ryue Nishizawa, el tamaño de las diferentes estancias es indiferente del uso asignado lo que, entre otras cosas, provoca que los baños y cocinas sean amplios, invitando a incorporar en ellos nuevos usos diferentes a los habituales. Este planteamiento trata de promover nuevas formas de ocupación de las viviendas.

1968 Candilis Josic y Woods: *Concurso PREVI*. Lima

2004 Ryue Nishizawa: *Viviendas en Funabashi*, Japón

En el capítulo 6, en el apartado de soporte a la innovación, mostramos cómo el arquitecto japonés Sou Fujimoto distinguía en sus textos entre cueva y nido, siendo el nido un "lugar funcional" planificado para llevar a cabo una serie de actividades, y la cueva un entorno natural, ajeno a sus habitantes, un espacio indeterminado que existe sin propósito previo.

En su *casa de madera definitiva*, construida en Kumamoto, Fujimoto trata de crear una "cueva artificial" llena de posibilidades de "descubrimientos fortuitos".[73] Esta vivienda se construye apilando grandes

[73] Sou Fujimoto Futuro Primitivo, "¿Nido o cueva?", *El Croquis* 151, p. 198-213.

piezas de madera de cedro, de sección cuadrada, de 35 cm. de lado. En
su interior no existen suelos, paredes o techos, tal y como los entendemos, y el espacio tridimensional se genera por incrementos de 35 cm.,
una medida que, según su arquitecto, está directamente relacionada
con el cuerpo humano. Dentro de este espacio los niveles de planta
son relativos y los usuarios se distribuyen por su interior del modo que
deseen. Su *casa Na*, construida en Tokio en el año 2010, explora planteamientos muy similares.

Sou Fujimoto: *Casa de la madera definitiva*
(2008) y *Casa Na* (2010)

DISGREGACIÓN

Una vivienda *disgregada* es un hábitat parcial que debe ser complementado fuera de ella, en otras viviendas o en la propia ciudad. Si imaginamos que una vivienda, tal y como la entendemos, se rompe en pedazos, cada pedazo sería una casa disgregada.

El arquitecto GERRIT TH. RIETVELD anticipó la disgregación de las viviendas tras una visita a Nueva York, en 1947. En su texto "Interiores", tras alabar la plaza Rockefeller, afirmaba que: "en una ciudad bien planteada, la escala de una vivienda se aproxima más a una gran chaqueta con bolsillos interiores que a un castillo. Cuanto peor es la ciudad, más grande ha de ser la casa".[74]

Pero donde más se ha desarrollado esta noción de disgregación del hábitat ha sido en Tokio. En esta ciudad, hace casi 30 años, TOYO ITO planteó su *Alojamiento para una chica nómada*, una mujer del futuro que no habita una casa, sino toda su ciudad: Tokio. Para ello tan sólo dispone de una tienda-cabaña, el *pao*, que incorpora una cama y tres muebles: uno inteligente, otro para el coqueteo y otro para la comida ligera. No necesita más, porque se reúne en los cafés, se distrae en los teatros, se ducha en su club deportivo, se alimenta en restaurantes y su armario lo constituyen las diferentes boutiques de su ciudad.[75]

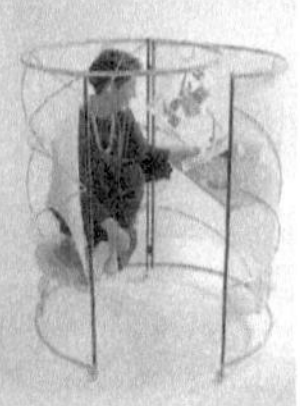

1985 Toyo Ito: Chica nómada en Tokio

---

[74] Gerrit Th. Rietveld: "Interiores", 1947. En Kuper, Marijke; Van Zijl, Ida: *Gerrit Th. Rietveld 1888-1964. The complete Works*. Centraal Museum Utrecht, Utrecht, 1992, p.40.

[75] Toyo Ito: "El concepto de casa para ella está desperdigado por toda la ciudad y su vida pasa mientras utiliza los fragmentos del espacio urbano en forma de collage". En "Una arquitectura que pide un cuerpo androide", junio 1988, en *Escritos*. Colegio Oficial de Aparejadores y Arquitectos Técnicos de Murcia, 2000, p. 46 y 61.

Esta chica nómada se ha convertido con el tiempo en una imagen anti-
cipadora, porque en Tokio, sobre todo desde el año 2000, han prolifera-
do diferentes tipos de locales comerciales en los que cualquier ciudadano puede alquilar un trozo de espacio con cierto aire doméstico, por
una fracción de tiempo. Estos lugares, disponibles las 24 horas del
día, suponen una extensión de la casa, estando en muchas ocasiones
mejor equipados que la propia vivienda. Están localizados preferentemente junto a las estaciones de metro, y pueden servir para trabajar,
relajarse, descansar, entretenerse, relacionarse con los amigos o
mantener relaciones íntimas.[76]

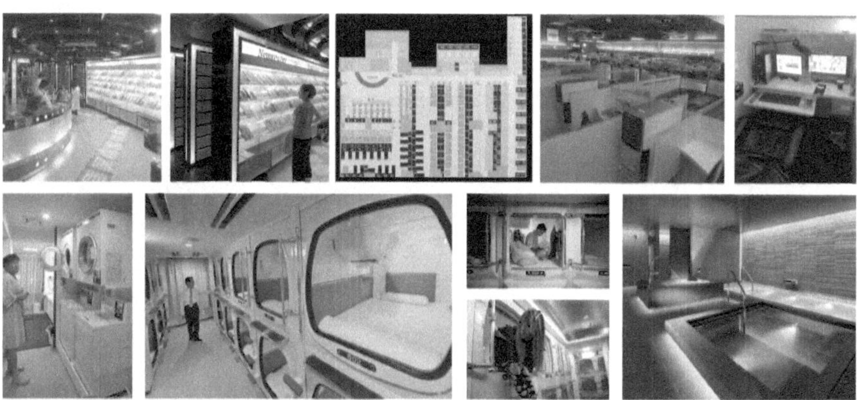

Manga Kissa y *Kenkô Land*, Tokio

La existencia de estos espacios permite que muchas viviendas de
Tokio sean muy pequeñas, porque sus habitantes, en realidad, no
viven solo en ellas, sino que habitan en toda su ciudad. Como ejemplo
de ello están las torres acristaladas de viviendas mínimas que en los
últimos años se están levantando en diferentes partes de esta ciudad.
Dentro de ellas sus habitantes viven inmersos en la urbe, su gran
casa, a través de unas amplias fachadas de vidrio que los vinculan,
física y conceptualmente, a ella. Las *Viviendas I*, son un buen ejemplo.

[76] Para Jorge Almaraz son "oasis de privacidad e intimidad en la vorágine de la vida urbana", llegando a constituir "los auténticos centros neurálgicos de la vida urbana japonesa".
Jorge Almaraz: "Tokio Dividual. La cotidianeidad doméstica reconstruida en entornos
comerciales de uso público". *Pasajes de Arquitectura y Crítica* n° 73, 2006, p. 36.

Albergan en cada planta un apartamento de 20 m², con todas sus fachadas de vidrio, de suelo a techo. La *Torre Teo*, también en Tokio, es aún más radical. Sus 8 alturas contienen dos apartamentos por planta. Uno tiene 16,6 m² y el otro tan solo 8,5. Aprovechando al máximo cada cm³ el proyecto consigue que en estos espacios tan mínimos se pueda dormir, comer, lavar y almacenar, todo de forma muy básica.

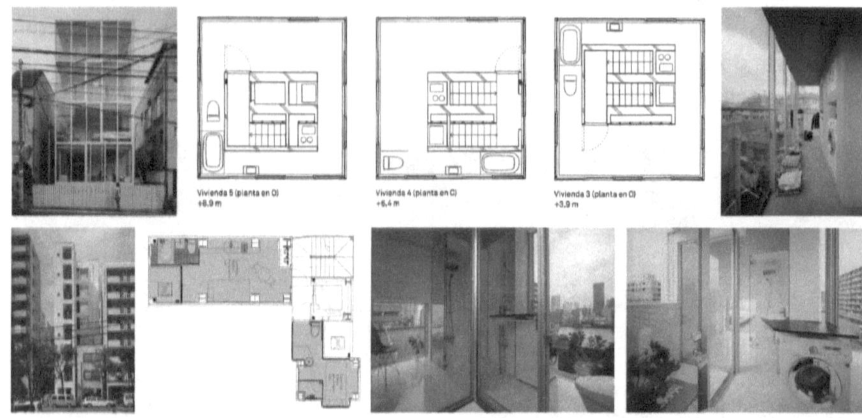

2007 Office of Kumiko Unui: *Viviendas I*, Tokio
2007 aat + Makoto Yokomizo: *Teo*, Tokio

Otro ejemplo de disgregación, también situado en Tokio, es la *Casa Moriyama*, de SANAA, formada por la suma de 10 volúmenes independientes diseminados a lo largo de un solar. El propietario, por el momento, solo utiliza parte de ellos. El resto están alquilados, dando lugar a una reducida comunidad de ocupantes de pequeñas viviendas parciales. Un antecedente de este hábitat disgregado lo encontramos en la arquitectura tradicional de algunos lugares de Oriente como, por ejemplo, en Bali, Indonesia.

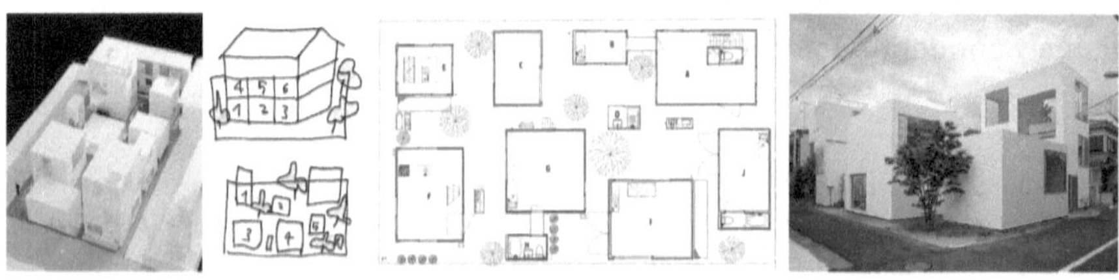

2005 Kazuyo Sejima y Ryue Nishizawa
(SANAA): *Casa Moriyama*, Tokio

La comunidad *Moriyama* tiene una cierta similitud con los asentamientos temporales de casas móviles, furgonetas y caravanas que los "viejos jóvenes" actuales montan cada invierno en Arizona, Nevada o Utah. Pero, sin ir tan lejos, también encontramos ejemplos similares en el Levante español, donde existen gran cantidad de campings en donde los jubilados europeos pasan largas temporadas. Sus autocaravanas son hábitats disgregados que deben ser complementados por los servicios del camping.

Los "viejos jóvenes" centroeuropeos tienen hoy más movilidad espacial que las personas de media edad de sus países. Viven como aves migratorias, al sur en invierno en busca del buen tiempo y diversión, y al norte en verano para ver a sus familiares y amigos.[77]

Camping Los Pinos, Denia, Alicante

Dentro de este atributo vamos a destacar un experimento de vivienda colectiva llevado a cabo en el distrito de Koto, en Tokio, que trata de romper con los tradicionales edificios residenciales sin otro uso más que el de vivienda. Este experimento, denominado *Shinonome Canal*

[77] En la actualidad el 20% de la población del mundo "desarrollado" tiene más de 65 años, pero en el 2050 será cerca de un tercio.

Court, comprende cerca de 2000 casas, dentro de 6 bloques de hasta 14 plantas. El proyecto trata de explorar nuevos modelos de vivienda capaces de incorporar pequeñas oficinas, u otros espacios disgregados diferentes. Este nuevo hábitat de uso mixto se denomina *SOHO (Small Offices with Small Houses)*, y yuxtapone espacios de diferentes dimensiones susceptibles de convertirse en viviendas, zonas de trabajo u otro uso que se desee, y que pueden adicionarse entre sí a voluntad. En el bloque 1, desarrollado por RIKEN YAMAMOTO, parte de las viviendas disponen de un espacio anexo, acristalado sobre las zonas comunes de circulación, que puede servir como oficina, lugar para actividades con los vecinos, zona de juego de niños, o cualquier otro uso que sus habitantes generen. También puede independizarse del todo, convirtiéndose en una vivienda disgregada. El proyecto también hace hincapié en la adaptabilidad de las viviendas, planteando diferentes posibilidades de uso en función de los posibles cambios futuros en la vida de sus usuarios. Pero, además, el 60% de las puertas de acceso a las viviendas son transparentes, diluyéndose de este modo la frontera entre el interior y el exterior de las casas.

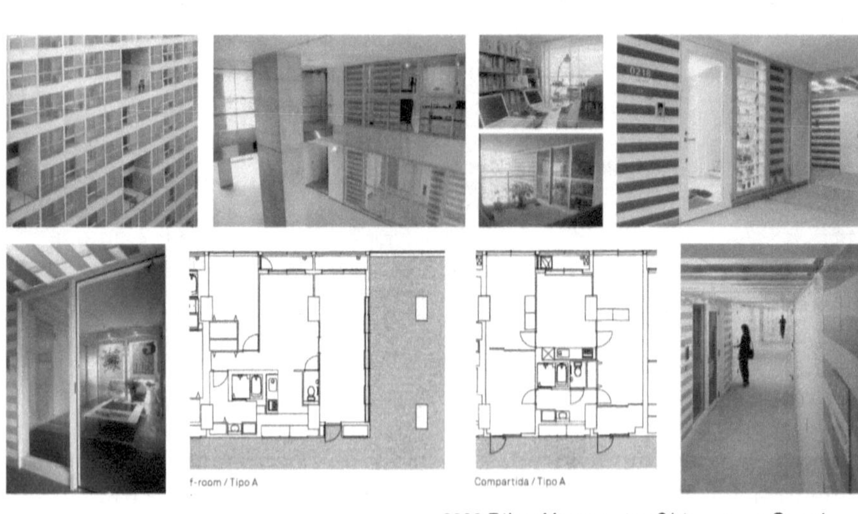

2003 Riken Yamamoto: *Shinonome Canal Court*, bloque 1. Tokio

SOSTENIBILIDAD

El último atributo es un atributo de respeto hacia la gran casa que
todos habitamos: nuestro planeta, y el gran colectivo al que pertene-
cemos: la humanidad.

El diseñador POUL KJÆRHOLM afirmaba que sus muebles eran sostenibles, porque la calidad con que estaban hechos garantizaba su uso
durante muchos años. De forma paralela, podríamos decir entonces
que los 9 atributos mostrados hasta ahora son también factores de
sostenibilidad de una vivienda, ya que al permitir que los habitantes
puedan adaptarla a las necesidades reales de cada momento, aumenta
la vida útil de la construcción y las modificaciones a realizar son senci-
llas y requieren de poca energía y materiales.

Una casa es *sostenible* cuando su concepción, construcción, funcionamiento y destrucción tiene un impacto medioambiental mínimo, y
también cuando su planteamiento toma en consideración las dinámicas
sociales, económicas y ecológicas del entorno.

Para respetar la naturaleza donde se implanta una construcción primero hay que conocerla. Esta es la razón por la que el arquitecto australiano GLENN MURCUTT se concede doce meses antes de empezar a
diseñar una casa. Durante este año completo visita una y otra vez el
lugar para estudiar la topografía, la vegetación, las variaciones estacionales de temperatura, el régimen de vientos, los ángulos solares,
la humedad ambiental y la vida animal, al tiempo que reflexiona sobre
la mejor respuesta funcional a las necesidades del cliente. Para él,
un edificio debe ser "un instrumento que interpreta la partitura que le
ofrece la naturaleza".[78] En 1994 proyectó la *Casa Marika-Alderto* para un
mandatario aborigen australiano. El proyecto nace a partir de las condiciones climáticas del lugar, pero también tiene en cuenta aspectos
culturales de este pueblo, como el concepto aborigen de "tocar la tierra ligeramente", la imposibilidad de que los niños y las niñas puedan
tener comunicación verbal ni contacto visual, y la necesidad de disponer de una amplia visión del horizonte.

[78] Glenn Murcutt 1980-2012. *El Croquis* 163/164. 2012, p. 18.

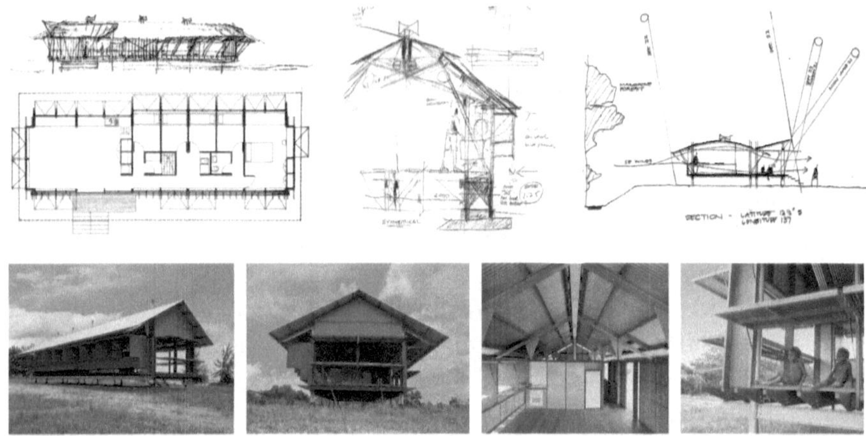

1994 Glenn Murcutt: *Casa Marika-Alderto*.
Yirrkala, Australia.

El siguiente ejemplo está localizado en la ciudad noruega de Trondheim,
en donde el municipio intentaba reconvertir, con una fuerte oposición
local, un barrio obrero del siglo XIX en una zona industrial. En los años
80 diversos grupos alternativos "okuparon" algunos edificios sin uso
y en el año 2001, tras años de lucha, el municipio abandonó sus planes
industriales y declaró la zona "Área experimental ecológica, urbana
y semiautónoma". Desde entonces, algunos de los edificios que se
levantaron en el barrio partieron de concursos creados y resueltos con
la participación de la comunidad local.

Las *Viviendas Svartlamoen* nacen de uno de ellos, convocado con el
propósito de obtener soluciones residenciales sostenibles y de bajo
coste. Este proyecto recurría a la prefabricación, de tal modo que el
edificio se podía montar en tan solo diez días. La madera era el único
material de toda la construcción porque, además de ser muy abundan-
te en Noruega, requiere de mucha menos energía que la producción de
acero o aluminio, siendo uno de los materiales más sostenibles de los
que disponemos. Las divisiones interiores y el mobiliario también eran
de madera, por lo que podían ser manipulados con facilidad por los
propios usuarios.

2005 Brendeland y Kristoffersenarkitekter:
Viviendas Svartlamoen, Trondheim,
Noruega

Otros proyectos sostenibles están centrados en el aprovechamiento energético, recurriendo a sistemas de calefacción y refrigeración ecológicos que se sirvan de fuentes de energía renovables. THOMAS HERZOG es un arquitecto alemán, experto en arquitectura bioclimática, además de un comprometido activista de la energía solar. En sus proyectos trabaja a partir de las condiciones climáticas del lugar, sirviéndose de tecnológicas pieles arquitectónicas. En la época en que era profesor de Arquitectura en la Universidad Técnica de Munich (TUM), desarrolló dos proyectos de captación solar. Uno era una vivienda unifamiliar y el otro una agrupación colectiva de viviendas. En ambos casos recurrió a una cubierta acristalada, inclinada hacia el sur, que llegaba hasta el suelo, y que convertía todo el espacio interior en un gran invernadero. De este modo, la radiación solar se almacenaba durante el día en el pavimento, y este calor se liberaba durante la noche, calentando la casa. El calor excesivo podía ser expulsado mediante una ventilación cruzada creada por unas aberturas ubicadas en el lado norte del edificio. Ambos proyectos sitúan grandes árboles en la parte sur, que proporcionan sombra a la construcción en verano, evitando una sobrecarga térmica, y ubican en la cara norte una banda de instalaciones dotada de gran aislamiento.

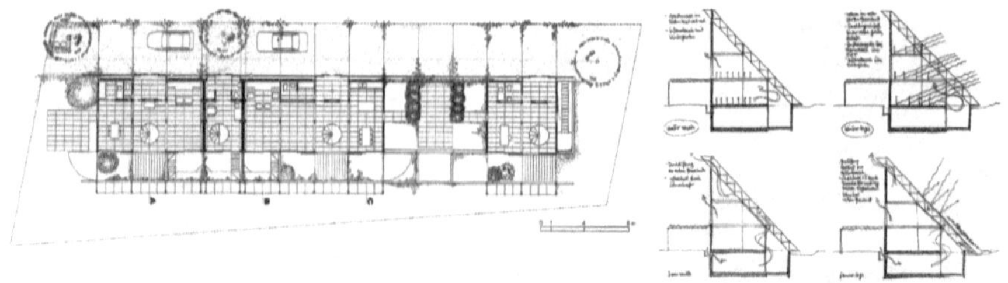

1982 Thomas Herzog: *Viviendas de captación solar*, Munich

Otra fuente de energía respetuosa con el futuro del planeta es la geo-termia. Un gran ejemplo del uso de este sistema es el proyecto *Linked Hybrid*, en China, de STEVEN HOLL ARCHITECTS, una propuesta urbana tridimensional que integra gran variedad de usos. El complejo *Linked Hybrid* está formado por ocho torres residenciales que se elevan sobre un basamento y sustentan, cerca de su coronación, una "calle en el cielo", de uso público, con espectaculares vistas sobre la ciudad. Esta calle pública alberga una piscina, un gimnasio, cafeterías, galerías y un auditorio. Debajo de la edificación existen unos pozos geotérmicos, que proporcionan la energía necesaria para el 70% de la calefacción y refrigeración de las viviendas y las amplias zonas comerciales que incluye el proyecto. Gracias a ello, las cubiertas pueden ser zonas ver-des, minimizando la contaminación acústica y las emisiones de CO_2.

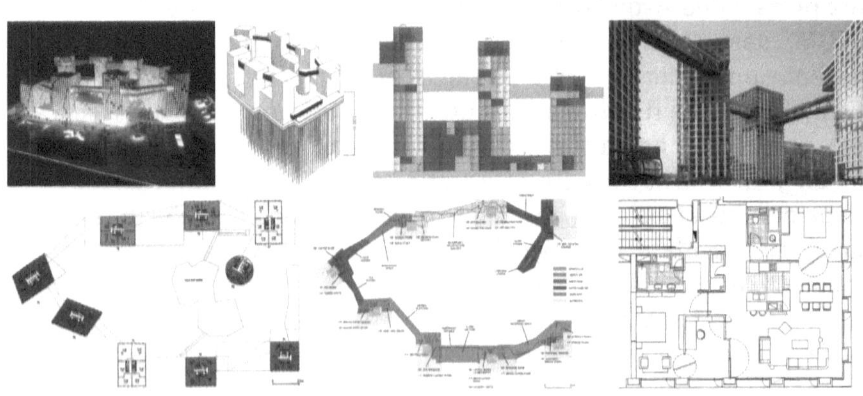

2008 Steven Holl architects: *Linked Hybrid*. Beijing, China

El proyecto también incorpora un sistema de reutilización de aguas grises para las cisternas de los baños, el estanque y el riego de las cubiertas verdes, lo que supone un ahorro del 41% del agua potable. El diseño del interior de las viviendas se apoya en el concepto de *hinged space* (espacio bisagra) desarrollado por Steven Holl en proyectos anteriores como, por ejemplo, sus *Apartamentos en Fukuoka* (1991), dotando a las viviendas de una gran versatilidad.

10.

DOS CASAS ABIERTAS

Umberto Eco escribe en la Introducción a la segunda edición de *Obra abierta* que el sentido de su ensayo no era dividir las obras de arte en obras válidas (abiertas) y obras no válidas, superadas, o malas (cerradas). Eco relata también que "a ciertos pintores o novelistas que, después de leído este libro, nos presentaban sus obras preguntándonos si eran "obras abiertas", nos vimos obligados a responder, con la evidente tensión polémica, que nunca en la vida habíamos visto "obras abiertas", y que, en realidad, probablemente no existen. Era una manera de decir, paradójicamente, que la noción de "obra abierta" no es una categoría critica, sino que representa un modelo hipotético, aunque esté elaborado siguiendo las pisadas de numerosos análisis concretos, muy útil para indicar mediante una fórmula manejable una dirección del arte contemporáneo".[79] La "casa abierta" es también un concepto de vivienda esencialmente teórico, que sigue las pisadas de muchas viviendas del pasado, al tiempo que pretende guiar a otras tantas del futuro. Sin embargo, frente a la "obra abierta" de Eco, la casa abierta sí ha quedado dotada de algunas herramientas de análisis, sus 10 atributos, que pueden ayudar a evaluar el grado de apertura de cualquier vivienda.

La investigación que origina este libro analizaba 200 proyectos de vivienda diseñados desde los años 20 del siglo pasado, punto de arranque del Movimiento Moderno en arquitectura, y la actualidad que incorporaban alguno de los diez atributos definidos. En todos los ejemplos seleccionados el usuario podía transformar de algún modo su vivienda, acomodándola a sus circunstancias o criterios personales. Pero, a su vez, en muchos de ellos, el habitante también era una parte activa en la creación de su hábitat. En los ejemplos más destacados, la investigación evaluaba el cumplimiento de cada uno de los diez atributos, distinguiendo dos grados: parcial o total. El resultado final de este trabajo mostraba que los ejemplos más completos de casa abierta cumplían, total o parcialmente, con 6 de los 10 atributos. Este dato indica, por un lado, la dificultad de crear una vivienda abierta "total". Pero, por otro, anima a explorar el amplio margen que queda hasta llegar a ella. La limitada extensión de este libro impide mostrar más que un par de ejemplos de casa abierta, de entre los más completos. El primero de ellos está planteado como un sistema industrializado de vivienda susceptible de generar un hábitat colectivo. El segundo es, en cambio, una casa unifamiliar.

[79] Umberto Eco: Introducción a la segunda edición, en 1967, de *Opera aperta*, 1962. Edición en castellano: *Obra abierta*. Planeta. Barcelona. 1992, p. 43.

RENZO PIANO: IL RIGO QUARTER

CORCIANO, PERUGIA (1978-82)

En el año 1970, Richard Rogers y Renzo Piano ganan el concurso del *Centro Pompidou*, en París, con un edificio de uso indeterminado que concentraba todos los espacios servidores en el perímetro, exhibiendo los elementos de comunicación vertical y liberando los espacios interiores de cualquier servidumbre estructural. Richard Rogers tenía entonces 37 años y acababa de finalizar una casa para sus padres en Wimbledon. Había conocido a Renzo Piano, 4 años menor, al incorporarse éste al equipo encargado de desarrollar un prototipo de las viviendas *Zip-up*, ganadoras de un concurso de 1968.

Con el *Pompidou* en construcción, Renzo Piano intentó trasladar el planteamiento flexible del museo a dos experimentos de viviendas. El primero de ellos fueron sus *4 Casas unifamiliares en Cusago*, Milán, finalizadas en 1974 y mostradas en el apartado de adaptabilidad. El segundo fue realizado entre 1978 y 1982, y se conoce como *Il Rigo Quarter* o "casa evolutiva industrializada". Piano incorporó en él ingeniosos sistemas industriales que permitían a sus habitantes modificar tanto el volumen interior como la superficie ocupada de sus viviendas.

Este proyecto estaba planteado con la idea de que los futuros habitantes participaran en el diseño de sus casas, de un modo cercano a los experimentos desarrollados en esos años por Lucien Kroll o Ralph Erskine, y anticipando proyectos posteriores como, por ejemplo, las viviendas "incrementales" del equipo chileno Elemental.

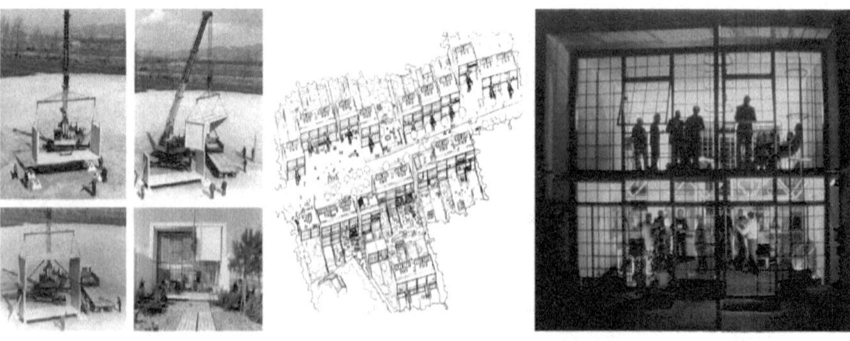

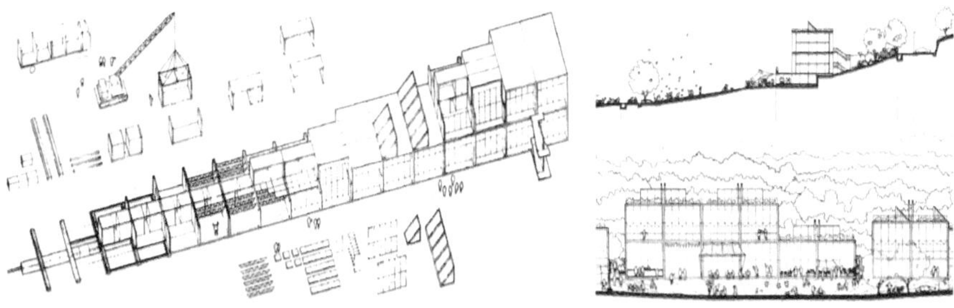

El proyecto estaba promovido por la empresa Vibrocemento, de Perugia, y aunque el objetivo inicial era construir una promoción de 100 casas "evolutivas", finalmente sólo se realizó una vivienda prototipo. El elemento base de la construcción era una estructura tridimensional de hormigón armado en forma de U que, unida a otra similar, formaba un cajón cuya anchura y altura interiores eran de 6 m. Estos cajones tenían 12 m. de longitud y podían tanto adosarse en horizontal como apilarse en vertical.

Lo más interesante de esta vivienda era que sus usuarios podían modificar por sí mismos su volumen y superficie, sirviéndose para ello de una tecnología, ligera y manejable, que estaba a su disposición. El volumen interior podía ser variado deslizando una de las fachadas de vidrio sobre el cajón de hormigón, lo que convertía a esta casa en un claro ejemplo de elasticidad. En cuanto al cambio de superficie, la vivienda tenía inicialmente doble altura, salvo en la parte central de la construcción, donde se ubicaban las escaleras y las zonas húmedas. Los dos extremos de la planta carecían de un uso definido, siendo indeterminados. Podían ser "colonizados" en pocas horas por los propios usuarios, construyendo un forjado intermedio. Estos forjados estaban formados con unas ligeras vigas metálicas y unos paneles de madera que funcionaban como suelo. Generaban dos niveles de 2,7 m. libres de altura, podían colocarse o quitarse cuantas veces se quisiera, y sobre ellos se podía montar y desmontar una tabiquería ligera.

Jugando con estos dos sistemas, la fachada deslizante y los forjados intermedios, la vivienda podía variar su superficie entre 50 y 120 m². Piano representaba la evolución de esta casa dibujando su crecimiento desde una situación inicial, habitada por una pareja sin hijos, hasta el momento en que la misma pareja convivía con tres hijos y alojaba también a los abuelos.

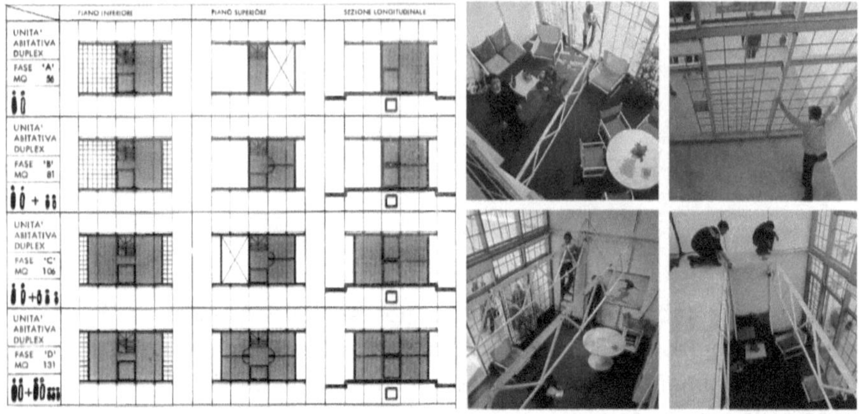

Este proyecto es un gran ejemplo de casa abierta, ya que puede variar su volumen, es *elástica*, su configuración interior, es *versátil*, no impone el uso de sus espacios interiores, es *indeterminada*, es fácilmente mejorable en el tiempo, luego es *progresiva*, y se acomoda con suma facilidad a los cambios de usuarios o de modos de habitarla, lo que significa que también es *adaptable*. Pero este proyecto también es *sociable* porque persigue involucrar a los futuros habitantes en el proceso de diseño de sus casas mediante 'talleres de vecinos', animándoles a que compartan el proceso de definición y transformación de sus viviendas.

Renzo Piano afirmaba al concluir este proyecto que "la casa es un organismo vivo, que debe ser incompleto y modificable".[80] Su idea era que la industria se encargara de producir la concha o cáscara, con un acabado industrial, y que sobre ella los propios habitantes crearan el interior, de acuerdo a su gusto personal. Para lograr este propósito, la casa debía incorporar una tecnología ligera capaz de ser manejada por los propios habitantes, de tal modo que el producto final consiguiera un bajo coste, una gran flexibilidad y una notable facilidad de montaje.

[80] Renzo Piano. logbook. Thames and Hudson, 1997, p. 54.

SHIGERU BAN: NAKED HOUSE

En el apartado de versatilidad mostramos una casa del arquitecto japonés Shigeru Ban y en el de permeabilidad dos más. En estos tres proyectos existe una gran preocupación por la indeterminación de los espacios interiores de las viviendas, pero sin duda su proyecto más radical en relación a este atributo es su *Naked House*, construida en el año 2000 en Kawagoe, Japón.

La familia para la que esta casa fue diseñada no deseaba contar con habitaciones independientes. Su intención era habitar un ambiente común que también otorgara la posibilidad de una cierta privacidad.

La vivienda consta de un único espacio con todos los elementos de servicio dispuestos a lo largo de un lateral. Dentro de él, se sitúan 4 habitaciones sobre ruedas, dotadas de unas puertas correderas que permiten su independencia. Estas habitaciones móviles se pueden colocar donde se quiera. Pueden estar separadas, agrupadas, o incluso fuera de la vivienda, y los habitantes pueden situarse dentro, encima o fuera de ellas. Como es habitual en los proyectos de Shigeru Ban, una de las fachadas puede llegar a desaparecer por completo.

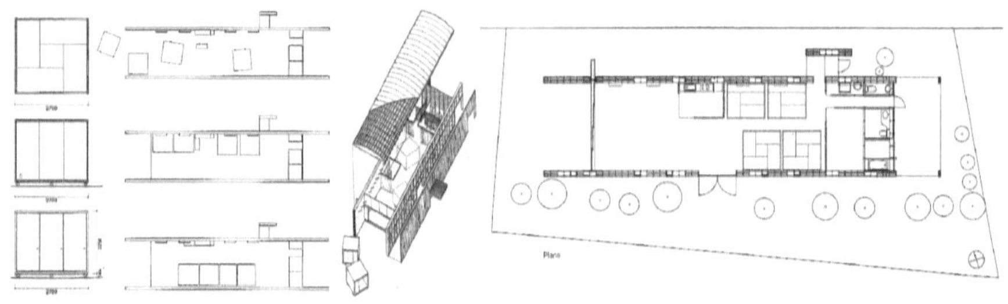

Repasemos sus atributos: la vivienda es *versátil*, porque la distribución interior puede modificarse al momento, desplazando sus habitaciones móviles. Es *elástica*, porque la casa se puede ampliar, sacando las habitaciones al exterior. Esta posibilidad de habitar fuera, sin caparazón protector, y la opción de retirar del todo una de las fachadas la convierte a su vez en *permeable*. Pero, además, la casa también es *indeterminada*, porque ningún espacio tiene un uso definido, lo mismo que *adaptable*, ya que su espacio interior es capaz de albergar, con pocos cambios, variadas situaciones de convivencia. Por último, la vivienda también es *progresiva*, dado que es sencillo ampliar su tamaño o su calidad. Esta casa puede reconfigurarse drásticamente en un instante.

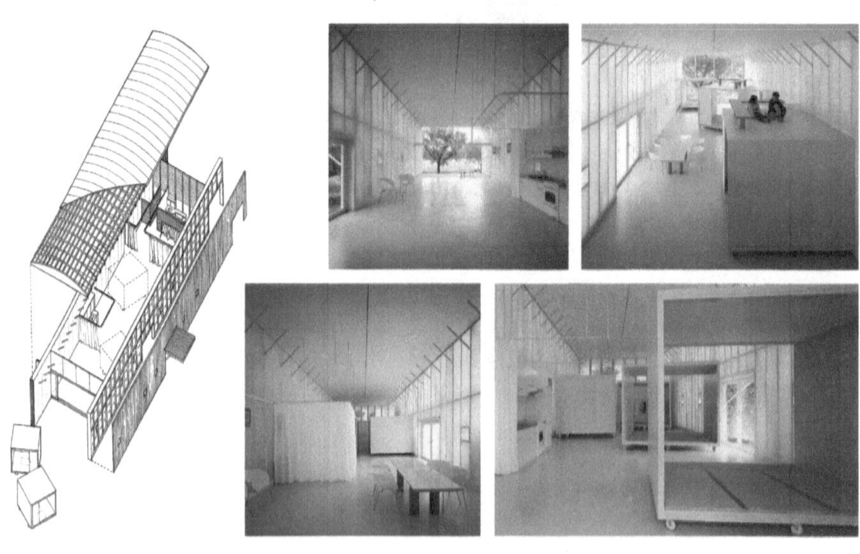

11.

SÍNTESIS Y REFLEXIÓN FINAL

Hacer una crítica constructiva de la propia profesión en nuestro país es arriesgado. El escaso hábito del debate, entendido como contraste argumentado y civilizado de ideas, provoca que el que lo haga "se arriesga no a la reprobación segura de quienes no comparten sus ideas sino al rechazo ofendido de los que lo consideraban uno de los suyos".[81] En mi caso, tan sólo me mueve una profunda intención de mejorar lo existente a través de un sano ejercicio de autocrítica acerca del sentido de mi profesión: la arquitectura.[82] Por eso, todo lo expresado en este libro, lejos de verdades absolutas y razones dogmáticas, solo pretende incitar a una reflexión o, en su caso, originar una conversación.

Este texto ha tratado de recapacitar, desde diferentes ángulos, sobre el vínculo que toda nueva obra construida genera entre, de un lado, la propia arquitectura como disciplina y, de otro, los demandantes y destinatarios de esa obra o, en una escala mayor, la sociedad que la acoge. Y en diferentes partes del texto se ha insistido en una determinada concepción, un sentido de la arquitectura, entendiéndola ante todo como un medio, tan solo un medio, destinado a lograr el desarrollo personal y social de las personas que harán uso de ella o, dicho de otro modo, el progreso de la sociedad. Este sentido sitúa con claridad a la arquitectura al servicio de la sociedad en donde nace, y no al revés.

Esta consideración prioritaria de nuestra disciplina en cuanto a su utilidad social ha estado ausente en gran parte de la arquitectura levantada en nuestro país en estas décadas pasadas de euforia constructiva. En esos años de locura colectiva se han proyectado y construido millones de viviendas cuyo fin no era mejorar la vida de sus futuros habitantes, sino tan solo lograr el máximo lucro de sus promotores. Y resulta muy evidente que una parte muy importante de toda esa arquitectura sin valor que ha macizado de casas concebidas para modos de

---

[81] Antonio Muñoz Molina: *Todo lo que era sólido*. Seix Barral. 2013, p. 129.

[82] La poca disposición a un debate abierto y un sano intercambio de pareceres entre los miembros de un grupo afín no es algo únicamente nuestro. Cuenta Umberto Eco que tras la publicación de su polémico ensayo *Obra Abierta* (1962), se vio envuelto en una dura labor de ataque y defensa: "En mi vida había visto a tanta gente ofendida. Parecía que había insultado a sus madres. Decían que aquélla no era la manera de hablar de arte. Me cubrieron de injurias. Fueron unos años muy divertidos". Con el tiempo *Obra abierta* ha pasado a ser considerado como un texto anticipador. Umberto Eco: *Obra abierta: el tiempo, la sociedad*. 1976.

vida obsoletos los extrarradios de pueblos, ciudades y todas nuestras costas, ha sido proyectada con poco interés y escasa dedicación.

De forma paralela, también hemos visto inaugurar infinidad de obras públicas innecesarias en donde la arquitectura tampoco era un medio para el progreso de la sociedad, sino un fin en sí misma. El único objetivo de toda esa arquitectura pública prescindible era que los gobernantes de turno se perpetuaran en el poder, de ahí su empeño en impresionar, más que en solucionar problemas que, en muchos casos, ni existían. Pero en la aparición de toda esta arquitectura ensimismada sin duda tenemos mucho que ver los propios arquitectos, que participamos de todo ello con nuestro talento, en muchas ocasiones mirando a otro lado para no ser conscientes de la inutilidad de lo proyectado. Y es de suponer que así lo hicimos porque nos guiaba un enorme deseo de que la "buena" arquitectura colonizara nuestras ciudades, o un ansia, igualmente grande, de mostrar nuestra propia dimensión profesional.

Este texto ha tratado de centrar la reflexión más sobre los valores y creencias que nos empujan a hacer las cosas tal y como las hacemos, los cimientos sobre los que edificamos nuestro comportamiento, que sobre las propias acciones en sí mismas. Porque recogemos lo que sembramos y las nuevas generaciones se asientan sobre los valores que las anteriores les trasmiten, especialmente si no se les anima a cuestionarlos y desafiarlos, sino que se les entregan a modo de dogmas "naturales" incuestionables. Por ejemplo, si los jóvenes crecen con la idea de que el hombre es egoísta por naturaleza, que la vida es una lucha contra los demás, que la felicidad nace de las posesiones y que la única ética válida es la que dicta el mercado, no es de extrañar que, años más tarde, participen en actividades lucrativas sin importarles si atentan o no contra el bien común o el futuro del planeta, que evadan su dinero para no pagar impuestos o que, si son gobernantes, acepten sobornos que el mercado les pone en su mano. Porque el mayor anhelo de toda profecía es su cumplimiento. De modo similar, al recapacitar sobre la arquitectura la reflexión ha querido estar más en la manera en que se enseña en la universidad que en la forma en que, siguiendo las creencias allí aprendidas, nos comportamos posteriormente. Si, apelando al refranero, recordamos aquello de: "de aquellos polvos, estos lodos", la atención pretende estar en el momento que extendemos los polvos, más que en los lodos que, cuando llueve, obviamente aparecen.

Reflexionando de este modo sobre nuestra profesión, nos encontramos con que muchos de los arquitectos que participaron en toda la construcción sin medida de los años de la burbuja aprendieron su profesión en los años 80, en paralelo al autor de este libro. Y, en aquella época, dentro de un potente auge individualista en toda la sociedad,[83] y en un contexto de renacer artístico en la profesión, los arquitectos eran formados no tanto para, por medio de la arquitectura, luchar por el progreso de la sociedad sino, sobre todo, para luchar por el progreso de la propia arquitectura o, si acaso, para perseguir el interés profesional del propio arquitecto. Servir a la arquitectura, con las mayúsculas que se quiera poner, y mostrar al mundo toda la dimensión de nuestro artista interior eran los dos objetivos prioritarios de la enseñanza de la arquitectura de aquellos años. De este modo, los jóvenes arquitectos salían de la universidad educados para tratar de situar siempre a la sociedad y sus necesidades al servicio de la arquitectura, o de sí mismos.[84]

Pero el problema era que la profesión consideraba que la sociedad no estaba preparada para apreciar la "buena" arquitectura, por lo que los arquitectos eran los únicos que podían valorarse, con conocimiento, a sí mismos. Por tanto, una vez que un joven arquitecto se insertaba en el colectivo, el cumplimiento de los dos anhelos preferentes para los que había sido formado pasaba por desarrollar una arquitectura capaz de ser apreciada y valorada, ante todo, por los demás arquitectos. Y, para lograr una buena valoración arquitectónica, el cumplimiento adecuado de la función demandada, o la economía, calidad y durabilidad de la construcción, eran factores secundarios que, por lo general, no

---

[83] En los 80 el hippie, ideal juvenil de los 60 y 70, fue desbancado por el "yuppie" (*young urban professional person*), profesional urbano de altos ingresos y gran consumo. La extensión de este individualismo contemporáneo generó, en el caso de la arquitectura, la extinción de la costumbre, común hasta entonces, de que los arquitectos afines se juntaran en grupos o movimientos que proclamaban sus ideas en forma de manifiestos. A partir de los años 80, por lo general, cada arquitecto empezó a ir a lo suyo y se dedicó, sobre todo, a reivindicarse a sí mismo.

[84] Resulta significativo que un modo habitual de felicitar a un compañero arquitecto que ha finalizado un "buen" proyecto, es diciéndole, con cierta envidia: "hay que ver cómo te han dejado", referido a sus clientes.

eran ni considerados, por lo que estaban destinados a quedar dentro de la conciencia profesional de su autor.

Esta dinámica endogámica queda reflejada en el hecho de que seamos los propios arquitectos los que nos premiemos a nosotros mismos, en función de criterios que sólo nosotros compartimos y, por lo general, a partir de fotos que muestran un estado previo a su uso, como si, en el fondo, deseáramos que nuestros edificios se mantuviera así, sin usuarios, liberados de función alguna, cual obras de arte.

De los "lodos" que, tras todos estos años de entrega a esta prioridad de objetivos, y tras la lluvia de dinero que inundó la profesión en los tiempos de la burbuja, han surgido vamos a destacar uno: una profunda desconfianza hacia la labor de los arquitectos. Una parte importante de la sociedad teme, en ocasiones con cierta razón, que lo que les vayamos a proyectar no esté destinado a ellos, a resolver sus circunstancias, sino a que suponga un avance en la historia de la arquitectura, o a que sus autores consigan alcanzar el reconocimiento del resto de colegas de profesión.

Nuestro interés preferente por la arquitectura y nuestra actitud arrogante nos ha distanciado de la sociedad, siguiendo una dinámica que, lejos de ayudar a solucionar el problema, lo enfatiza. Porque esta desconfianza generalizada hacia el trabajo de los arquitectos provoca en ellos una queja hacia "la gente", que no sabe de arquitectura y por ello no les comprende, y esta victimización hace que sólo se junten entre sí, distanciándose aún más de la sociedad, lo que suscita más desconfianza. Pero no podemos perder de vista que "la gente", salvo contadas excepciones, no desea sufragar la historia de la arquitectura, sino que tan sólo necesita encontrar alguien en quien confiar, alguien que les ayude a solucionar sus problemas habitacionales. Y restituir la confianza perdida solo puede venir de la mano de los propios arquitectos, cambiando el orden de prioridades, volviendo a proyectar para, en primer término, el progreso de la sociedad, y supeditando entonces la arquitectura, o nuestro personal interés profesional, a ello. Como decía el arquitecto DIÉBÉDO FRANCIS KÉRÉ, citado en la Introducción: "lo que a mí me hace más feliz es que mis edificios funcionen del mejor modo posible con el mínimo coste. Eso sí que es hermoso".[85]

[85] Llátzer Moix: "La lógica local. Diébédo Francis Kéré y la solidaridad africana". *Arquitectura Viva* 133, 2010, p. 23.

Otro hecho curioso, que no atañe sólo a los arquitectos sino también a las instituciones, es que dentro de la arquitectura de la vivienda, las pocas obras residenciales innovadores levantadas en los años de la burbuja, entendiendo la innovación en el modelo de vivienda planteado y no en la imagen exterior, no hayan sido sometidas a estudio alguno, ni público ni privado, ni por parte de los arquitectos ni por parte de los organismos públicos relacionados con la vivienda, destinado a recoger la experiencia vivida por sus habitantes. Este análisis sería imprescindible para plantear con más acierto las siguientes propuestas habitacionales, ya que sin duda se edifica mejor sobre aprendizajes anteriores, que nos proporcionarían unos cimientos más sólidos. Pero, eso sí, estas viviendas "diferentes" han sido premiadas y han aparecido publicadas hasta la saciedad.

Es como si, en el proceso de diseñar una silla hiciéramos un primer prototipo, le diéramos un premio, y nadie se preocupara por probarlo, por sentarse, por ver si sirve o no para, a partir de ello, poder plantear un nuevo prototipo, que dé lugar a otro nuevo, como sucede cuando el interés está en cumplir un objetivo: *sentarse*, superior al propio objeto: la *silla*.

Continuando con esta comparación, podríamos decir entonces que en estas décadas pasadas, llevados por la exaltación artística de la profesión y sumergidos en estas dinámicas que habían convertido la arquitectura en un fin en sí misma, muchos arquitectos se han dedicado a diseñar preciosas "sillas", concebidas más para ser valoradas por el resto de compañeros de profesión que para que sirvieran para sentarse. Y si ante alguna de esas bellas sillas algún usuario osaba afirmar que en ella no había modo de sentarse, la respuesta más habitual era un lamento, porque "la gente no sabe", y por eso no puede apreciarlos valores inherentes a esa pieza: su línea, su estética o su aportación a la historia del mobiliario. Y esta queja frente a una sociedad inculta que es incapaz de valorar aquel prototipo inservible lo que reclama, en el fondo, es que la pieza en cuestión sea considerada como un objeto artístico privado de toda función utilitaria que es, en realidad, el modo en que, en muchos casos, ha sido concebida, aunque, eso sí, sufragada por aquellos que tan solo deseaban sentarse cómodamente. Porque para algunos arquitectos, la silla, o el edificio, nuestra obra de arte, es de un orden superior a que "la gente" necesite satisfacer, a través de él, unas determinadas necesidades.

Tal y como afirmamos antes, muchos arquitectos fuimos educados para tratar de situar siempre la sociedad, y nuestro cliente, al servicio de la arquitectura. Y ahora, en esta nueva época tan diferente de aquellos años, urge hacer lo contrario: crear una arquitectura al servicio de la sociedad, proyectar edificios capaces de convertirse en motores de transformación social, siendo éste un anhelo mucho más prioritario que su valor puramente arquitectónico.

Apoyándonos en todo esto, y ya centrados en la arquitectura de la vivienda (que es, en toda sociedad y en toda época, la primera arquitectura, la mayoritaria y la única imprescindible), este trabajo propone un concepto de vivienda, al que denomina *"casa abierta"*, cuyo fin es doble: satisfacción de necesidades y soporte a la innovación. El primero de los dos hace referencia al cumplimiento de las necesidades reales de sus habitantes, una entrega a lo real, y el segundo a que la vivienda admita, e incluso incite, la aparición de lo nuevo. Uno supone una mirada sincera al presente, y el otro una mirada acogedora al futuro.

El primer objetivo, *satisfacción de necesidades*, implica dejar de lado los proyectos ideales nacidos del intelecto o las modas, para hacer una arquitectura orientada hacia la nueva realidad, enfocada a la vida verdadera de sus futuros habitantes. Y la creciente variedad y complejidad de formatos familiares, modelos de convivencia y situaciones laborales, junto con la rapidez e imprevisión de los cambios, nos empujan a dejar de planificar las casas como un producto acabado, ya determinado, pasando en cambio a considerar el proyecto, la obra y el posterior uso de la vivienda como un proceso en continua redefinición y transformación.

El segundo objetivo, *soporte a la innovación*, no se refiere a la innovación de la propia arquitectura, sino a la desplegada por sus habitantes dentro de ella, desafiando los modelos pasados y encauzando los problemas de nuevos modos, con atrevimiento y creatividad. Porque toda arquitectura debería tener como objetivo preferente generar espacios y dinámicas que promuevan esta imprescindible innovación.

El cumplimiento de los dos objetivos hace que una casa abierta esté orientada al presente y a lo que esté por venir, en vez de atada al pasado.

Que esté conectada a los modos de habitar actuales al tiempo que abierta a los futuros. Que esté concebida como destino de lo existente, pero también como origen de algo nuevo que permita avanzar sobre ello. Porque una casa abierta no entiende la arquitectura como un fin en sí misma, sino como un medio para resolver los problemas de la sociedad y transformar el mundo en que vivimos.

Dentro de esta reflexión sobre la arquitectura y la sociedad, el medio y el fin, valores superiores e inferiores, o qué colocar al servicio de qué, y emparejada a la noción de soporte a la innovación planteada, podríamos entonces afirmar que fomentar la creatividad de los usuarios en su propio hábitat, convirtiéndoles en responsables del mismo, enfatizando su diversidad y enraizándoles al lugar que habitan, es de un orden superior a la propia arquitectura. Escribía JULIO CORTÁZAR que "un puente es un hombre cruzando un puente".[86] Lo importante de un puente no es el puente en sí mismo, sino el acto de ser atravesado por una persona, o la forma en que el enlace directo entre sus dos extremos afecta a la vida de los hombres y mujeres que lo cruzan. Del mismo modo, podemos afirmar que lo esencial de la arquitectura no es el contenedor, sino lo que suceda en su interior, lo que el edificio o el espacio urbano sea capaz de generaren la vida de sus usuarios, la relación creada entre lo levantado y las personas que lo viven. Si nos referimos a la vivienda, objeto preferente de atención de este libro, podríamos entonces afirmar, apoyándonos en Cortázar, que *una casa es una persona habitándola*.

Esta prioridad de la vida de los habitantes sobre la arquitectura de sus viviendas queda reflejada en el hecho de que todos los *atributos* planteados para la casa abierta estén definidos desde la posición del morador, enfatizando su condición de protagonista y co-autor, y desarrollando su libertad para habitar su hogar del modo que desee, dentro de los límites que la arquitectura le otorgue. Los 10 atributos planteados son cualidades que tienen que ver con la posibilidad de que el habitante pueda variar, por sí mismo y en todo momento, el interior de su casa (versatilidad), la relación de su vivienda con el exterior (per-

---

[86] "Porque un puente, aunque se tenga el deseo de tenderlo y toda obra sea un puente hacia y desde algo, no es verdaderamente puente mientras los hombres no lo crucen. Un puente es un hombre cruzando un puente". Julio Cortázar, *Libro de Manuel*.

meabilidad) o la dimensión de su espacio (elasticidad). Pero también con la posibilidad de que su vivienda admita modificar con sencillez el modo de habitar o convivir (adaptabilidad), que este abierta a acoger mejoras de tamaño o calidad (progresividad), o que toda la construcción pueda variar su ubicación (movilidad). Y, además, también contemplan que la vivienda favorezca el contacto y la agrupación con la vecindad (sociabilidad), que no imponga una determinada forma de uso (indeterminación), o que esté abierta a superar el tradicional concepto de casa, dejando que parte de sus funciones tengan lugar fuera de ella (disgregación). El último atributo, cada vez más imprescindible, se refiere a que la construcción sea respetuosa con el entorno, el planeta y el futuro de las siguientes generaciones (sostenibilidad).

Todos estos atributos son planteamientos previos a la arquitectura por lo que son, por ello, de un orden superior a ella. Sin embargo, y pese a la existencia de estas 10 herramientas de análisis, la casa abierta es un modelo esencialmente teórico que sigue las pisadas de muchas viviendas ya construidas, constituyendo una urgente e imprescindible dirección de avance de la arquitectura residencial.

El arquitecto chileno ALEJANDRO ARAVENA, coautor, dentro del grupo Elemental, de grandes ejemplos de viviendas progresivas generadas a partir de un diseño participativo, establece una distinción en el grado de "apertura" de la forma de proyectar un edificio o un espacio urbano. Por un lado están los arquitectos que proyectan "teniendo la belleza como fin" y que, para lograr este objetivo, necesitan llevar un control absoluto del proyecto y la obra. Estos arquitectos entienden su arquitectura como un "sistema cerrado" cuyo acierto radica en la capacidad de control, en todo momento, de todas las variables. Este era el modo en que la universidad de hace 30 años formaba a los arquitectos, priorizando el esplendor arquitectónico por encima del cumplimiento de la función para la que la edificación nace, y situando la innovación en la propia arquitectura, en vez de en lo que en el futuro pueda suceder en su interior. La universidad de ahora será sin duda muy diferente a la de entonces, aunque seguro que no tanto como debiera porque, por desconocimiento de otras alternativas o por fidelidad a nuestros maestros, tendemos a enseñar nuestro oficio del mismo modo en que lo aprendimos. En contraposición a esta actitud, el otro modo de proyectar, según Aravena, sería como un "sistema abierto". El éxito de esta otra arquitectura está ligado a que el arquitecto sea capaz de activar un inicio, orientando el desarrollo futuro en la dirección correcta. Este segundo modo de proyectar genera una arquitectura "donde, por muchas razones, no es la imagen final la que importa, sino la belleza de producir un sistema abierto que cambia en el tiempo y se independiza de la mano de su autor".[87]

Una casa abierta se concibe como un "sistema abierto" capaz de incorporar los criterios y necesidades de sus futuros habitantes, convirtiéndose en un campo para el desarrollo de su singularidad y creatividad. Una casa abierta ofrece a sus usuarios la posibilidad de orientar su hábitat en la dirección que deseen, bajo su responsabilidad, tratando de traspasar cuanto antes el peso de la autoría a los propios moradores.

Teniendo en cuenta lo difícil que es flexibilizar nuestras creencias y desafiar la escala de valores recibida y asimilada en nuestros años de formación, ¿qué les podríamos decir a todos aquellos arquitectos que necesitan, porque así han sido educados, seguir considerando su labor como un acto creativo, o una manifestación artística? ¿Cómo suavizar esa parte "cerrada" que existe, más o menos desarrollada, en cada uno de nosotros? Podríamos primero recordar cómo la pintura, la escultura o la literatura, a diferencia de la arquitectura, nacen por sí mismas, desprovistas de requerimientos funcionales, y por eso son disciplinas artísticas que, como tales y según la RAE, "expresan una visión personal y desinteresada que interpreta lo real o imaginado con recursos plásticos, lingüísticos o sonoros". También podríamos remarcar el hecho de que en la arquitectura los que pagan una determinada obra están obligados a vivir dentro de ella, por lo que parece lógico y conveniente que participen, junto al arquitecto, en su creación. Y, relacionado con esto, podríamos recordar cómo la mayoría de los arquitectos relevantes de los años 60 y 70 (Los Smithson, *Archigram*, Cedric Price, Kikutake, Aldo Van Eyck, Bakema, Hertzberger, Yona Friedman, Habraken, Oskar Hansen, Rogers, Piano...) lucharon por integrar al futuro habitante en los procesos de toma de decisiones sobre su entorno cotidiano, al tiempo que también intentaron incorporar a su arquitectura una facilidad de adecuación a las circunstancias cambiantes. Pero además,

---

[87] "Los pies en el suelo. Alejandro Aravena, la realidad de América". Entrevista a Alejandro Aravena. *Arquitectura Viva* 133, 2010, p. 31.

y sin salirnos de esa época, podríamos también aludir a cómo la poesía, la literatura o el teatro se abrieron a su vez a la aportación del lector o espectador. Aquí hemos citado el teatro de Brecht,[88] el análisis poético de Dámaso Alonso,[89] la obra abierta de Umberto Eco,[90] y la muerte del autor de Roland Barthes.[91] Todos ellos trataron de incorporar al espectador, y su particular interpretación, como una parte intrínseca del acto creativo, convirtiéndolo en la persona que culmina, a su modo, toda obra de arte. Todos estos autores son anteriores a 1970 pero, desde entonces, este planteamiento no ha dejado de extenderse, y esta promoción del espectador junto al artista ha sido un tema esencial en muchas corrientes de arte y literatura posteriores.

En nuestro oficio, la arquitectura, y manteniéndonos dentro de esta visión artística de la profesión, bastaría con que tuviéramos una consideración similar hacia los habitantes de nuestros edificios. Si así fuera, nos limitaríamos a crear entornos flexibles e inacabados que los usuarios se encargarían de completar, en función de sus particulares criterios y de sus cada vez más cambiantes necesidades. La arquitectura concebida de este modo se situaría entonces al servicio de sus ocupantes, y los arquitectos podrían entonces despreocuparse del modo en que sus obras son completadas. Esto sin duda sería un gran alivio para todos aquellos arquitectos que conciben su labor como un "sistema cerrado" ya que, al pasar a considerar todo nuevo proyecto como un proceso de autoría compartida, se liberarían de la obligación de llevar un control absoluto durante todo el diseño y la obra.[92]

[88] Brecht creía que el teatro podía contribuir a modificar el mundo. Para ello trataba de provocar la conciencia crítica de espectadores y actores, distanciándoles de la obra para, desde ahí, obligarles a pensar por sí mismos de una manera crítica y objetiva, generando sus propias conclusiones.

[89] El lector es "el artista donde se completa la relación poética". Dámaso Alonso: *Poesía española. Ensayo de métodos y límites estilísticos.* 1950. Edit. Gredos, 2008, p. 185.

[90] "Para resumir, ¿qué se decía en esta *Obra abierta*? La escena que más impresionaba al espectador medio era la de la 'promoción al terreno'. El beneficiario de esta promoción es el propio lector... Su puesto no está ya en la platea: de ahora en adelante será admitido —es más, reclamado— junto al artista". Umberto Eco: *Obra abierta: el tiempo, la sociedad*, 1976.

[91] "El nacimiento del lector se paga con la muerte del Autor". Roland Barthes. *La muerte de un autor* (1967).

[92] "El autor ofrece al usuario, en suma, una obra por acabar: no sabe exactamente de qué modo la obra podrá ser llevada a su término, pero sabe que la obra llevada a término será,

La arquitectura dejaría de ser un campo de batalla (contra el cliente, o contra la sociedad), convirtiéndose en un campo creativo compartido, provechoso y nutritivo para todos, un reto común. Un campo en donde nuestra misión no es mandar, sino tan solo acompañar, integrando lo ajeno con respeto. A partir de esta nueva visión, los arquitectos "cerrados" podrían entonces dejar de protegerse del cliente, abandonando todo prejuicio defensivo y centrando su esfuerzo en progresar el vínculo con él hacia una mayor confianza y libertad. Estos arquitectos, con el tiempo y la práctica, llegarían a alegrarse de que los habitantes interpreten su arquitectura de una forma no prevista, porque eso demostraría que la han hecho suya, porque suya es.

Pese a todas estas inercias limitantes, en la actualidad hay grandes motivos para el optimismo, ya que estamos asistiendo a una lenta transformación en el sentido de la arquitectura, sobre todo de la mano de jóvenes arquitectos que traen consigo nuevos valores, que cuentan con un mayor compromiso social y que persiguen una arquitectura más responsable. Estos jóvenes arquitectos a los que las dinámicas previas les han dejado sin casi posibilidad de edificar, están volviendo a asociarse entre sí, incorporando a otras profesiones, otros puntos de vista, para aprender los unos de los otros. Y estos colectivos de los que forman parte, están generando, entre otras muchas cosas, procesos autogestionados de acceso a la vivienda, o están activando espacios urbanos marginales que la crisis ha dejado de lado. Y, para ello, para ampliar las posibilidades de mejora de lo existente, no dudan en emprender negociaciones con las instituciones, que ahora carecen de recursos y quizá por ello les escuchan, abriendo nuevos caminos capaces de generar cambios sociales en el entorno, mejorando la vida de las ciudades, la igualdad social y la sostenibilidad ambiental, aprovechando los materiales y recursos locales y promoviendo la implicación y participación de los vecinos.

Si esta lenta transformación acaba cristalizando, pronto veremos surgir, en los pocos huecos arquitectónicos que no han sido colmatados en los años de la burbuja, una arquitectura al servicio de la sociedad,

no obstante, siempre su obra, no otra, y al finalizar el diálogo interpretativo se habrá concretado una forma que es su forma, aunque esté organizada por otro de un modo que él no podía prever completamente". Umberto Eco: *Obra Abierta* (1962).

que deje de lado lo ideal para debatirse con lo real, con lo esencial, atendiendo al espíritu del mundo de hoy y las nuevas pautas de lo cotidiano. Una arquitectura que anteponga la utilidad a cualquier otro valor, preparada para el cambio y siempre abierta a promover y acoger lo nuevo. Una arquitectura que admita una multiplicidad de intervenciones personales e invite a una apropiación creativa. Una arquitectura que trascienda al ego artístico del creador inicial, se mantenga alejada de las modas arquitectónicas y tenga como meta remover al futuro usuario y despertar al ciudadano que hay en él. Una arquitectura que escuche a la ciudadanía para que, a partir de ello, pueda solucionar sus problemas, ampliar su espacio mental y enfatizar su implicación social.

Poco a poco estamos asistiendo a un cambio en las prioridades de la arquitectura, un cambio que nos lleva a contemplar nuestra labor con otros ojos. Pronto los arquitectos dejaremos de trabajar para la arquitectura, sirviéndonos de las necesidades de la sociedad, y empezaremos a trabajar para la sociedad, sirviéndonos de la arquitectura, una maravillosa herramienta que, bien empleada, puede contribuir, y mucho, a mejorar el mundo en que vivimos.

Madrid, abril de 2014